T0197157

Was ist eigentlich . . . ?

Reihe herausgegeben von

Tilo Strobach, Department of Psychology, Medical School Hamburg, Hamburg, Hamburg, Deutschland

Die Buchreihe „Was ist eigentlich …?“ möchte den Leserinnen und Lesern einen ersten Einblick in die verschiedenen Disziplinen der Psychologie geben. Die Einteilung der Bände dieser Reihe orientiert sich dabei an den typischen Psychologiemodulen an deutschen Universitäten. Deshalb eignen sich die kompakten Bücher vor allem für Psychologiestudierende am Beginn des Studiums. Sie bieten aber auch für alle anderen, generell an psychologischen Themen Interessierten einen ersten, gut verständlichen Einblick in die psychologischen Disziplinen: Jeder Band stellt den Kern einer dieser Disziplinen vor. Des Weiteren werden prominente Fragestellungen und Diskurse der Vergangenheit und der Gegenwart vorgestellt. Außerdem wird ein Blick in die Zukunft und auf offene Fragen gerichtet.

Weitere Bände in der Reihe https://link.springer.com/bookseries/15934

Jennifer von Buch · Romina Müller ·
Denis Köhler

Rechtspsychologie

Ein Überblick für Psychologiestudierende und -interessierte

Jennifer von Buch
Köln, Deutschland

Romina Müller
Düsseldorf, Deutschland

Denis Köhler
Düsseldorf, Deutschland

ISSN 2523-8744 ISSN 2523-8752 (electronic)
Was ist eigentlich …?
ISBN 978-3-662-64616-8 ISBN 978-3-662-64617-5 (eBook)
https://doi.org/10.1007/978-3-662-64617-5

Die Deutsche Nationalbibliothek verzeichnet diese Publikation in der Deutschen Nationalbibliografie; detaillierte bibliografische Daten sind im Internet über http://dnb.d-nb.de abrufbar.

Planung/Lektorat: Joachim Coch
Springer ist ein Imprint der eingetragenen Gesellschaft Springer-Verlag GmbH, DE und ist ein Teil von Springer Nature.
Die Anschrift der Gesellschaft ist: Heidelberger Platz 3, 14197 Berlin, Germany

Inhaltsverzeichnis

Abbildungsverzeichnis

Tabellenverzeichnis

1 Einführung

Unter Rechtspsychologie versteht man vereinfacht gesprochen alle Anwendungen psychologischer Theorien, Methoden und Ergebnisse auf Probleme des Rechts (Lösel & Bender, 1993). Daraus ergeben sich eine große Vernetzung und zahlreiche Überschneidungen mit verschiedenen Fachbereichen. Heutzutage wird in der Fachwelt der Oberbegriff „Rechtspsychologie" verwendet, der sich inhaltlich in die Bereiche *Forensische Psychologie* und *Kriminalpsychologie* aufteilen lässt. Diese beiden Begriffe werden in Medien und Filmen häufig verwendet, wohingegen die „Rechtspsychologie" als Fachdisziplin in der allgemeinen Bevölkerung weniger bekannt ist.

Die *Forensische Psychologie* beschäftigt sich vorrangig mit Prozessen und Aspekten von Gerichtsverfahren wie z. B. Begutachtungen beim Straf-, Familien- und Sozialgericht. Die *Kriminalpsychologie* legt ihren Schwerpunkt hingegen auf die Beschreibung, Erklärung und Prognose von kriminellem Verhalten sowie auf die Kriminalprävention (vgl. Lösel & Bender, 2000). Da es sich hierbei jedoch primär um eine wissenschaftliche Differenzierung handelt, finden sich sowohl auf inhaltlicher als auch auf praktischer Ebene eine Reihe von Überschneidungen zwischen den beiden Teildisziplinen. Zu einer Vereinigung der Kriminal- und Forensischen Psychologie unter dem Oberbegriff Rechtspsychologie kam es 1982 im Rahmen des 33. Kongresses der Deutschen Gesellschaft für Psychologie (DGPs). Ausschlaggebend für diese übergeordnete Bezeichnung waren die im angloamerikanischen Raum benutzten Bezeichnungen *Legal Psychology/Psychology and Law* (Bliesener et al., 2014) (vgl. Abb. 1.1).

Anschaulicher als eine theoretische Definition der Rechtspsychologie ist eine Darstellung der vielfältigen Fragestellungen, mit welchen sich diese Teildisziplin der Psychologie befasst. Im Folgenden soll daher ein Überblick über einige dieser Fragestellungen gegeben werden. Dabei steht ein generelles Verständnis

J. von Buch et al., *Rechtspsychologie*, Was ist eigentlich …?,
https://doi.org/10.1007/978-3-662-64617-5_1

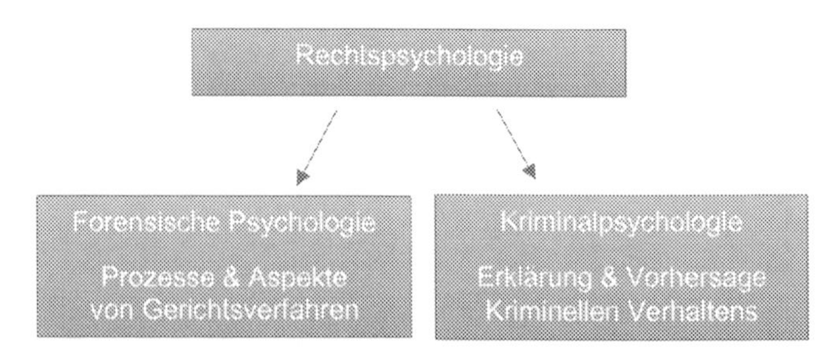

Abb. 1.1 Die Säulen der Rechtspsychologie

für die vielfältigen Anwendungsfelder im Vordergrund. Die theoretischen Hintergründe können in diesem Rahmen lediglich angerissen werden. Die interessierte Leserschaft sei auf die zahlreich verfügbaren ausführlichen Fachbücher zu den einzelnen Themen verwiesen.

2 Erklärungsmodelle für kriminelles Verhalten

Es gibt keine einzelne Theorie, die erklärt, wie sich kriminelles Verhalten entwickelt. Es werden vielmehr Ansätze aus verschiedenen Fachbereichen herangezogen, um kriminelles Verhalten zu erklären.

Medizinische und soziologische Ansätze
In der Medizin werden abweichende Verhaltensweisen als ein Resultat eines krankhaften Nervensystems verstanden. Es gibt mittlerweile eine Reihe von Belegen für Zusammenhänge zwischen antisozialem Verhalten und biologischen Auffälligkeiten (z. B. Konrad et al., 2019). Es ist jedoch bis heute nicht möglich, anhand eines Abbildes des Gehirns zu erkennen, wer, wann und in welcher Form kriminell wird und wer unauffällig bleibt. In der Soziologie hingegen geht man davon aus, dass äußere Einflüsse zu kriminellem Verhalten führen (vgl. Lamnek, 2017). Die Anomietheorie (Merton, 1957) postuliert, dass wir alle normative Werte und Ziele haben und dass wir in soziale Beziehungen eingebunden sind. Anomie entsteht, wenn die kulturellen Ziele und die sozial bestimmte Verteilung der legalen Mittel zur Erreichung dieser Ziele auseinandergehen. Jemand möchte zum Beispiel reich werden, sieht sich aber nicht in der Lage, dieses Ziel durch Anstrengung zu erreichen und begeht stattdessen einen Raubüberfall. Forscher stellten fest, dass auch kriminelle Personen nach einem Normbruch ein schlechtes Gewissen haben (Sykes & Matza, 1957). Die Neutralisierungstheorie von Sykes und Matza (1957) besagt, dass diese Menschen gelernt haben, solche unangenehmen Gefühle zu neutralisieren, indem sie z. B. die Opfer abwerten oder sich selbst als eigentliches Opfer sehen. Eine weitere interessante Theorie, der Labelling Approach (Tannenbaum, 1953), geht davon aus, dass eigentlich nicht der Normbruch das Entscheidende ist, sondern vielmehr die Reaktion der Umwelt auf diesen Normbruch. Wenn ein Jugendlicher beispielsweise beim Kiffen erwischt wird und die Polizei und seine Eltern ihn als schwierig und kriminell beschreiben,

J. von Buch et al., *Rechtspsychologie*, Was ist eigentlich …?,
https://doi.org/10.1007/978-3-662-64617-5_2

so wird er einen Druck verspüren, wieder zu kiffen. Die Reaktionen sind erneut negativ und der Jugendliche fängt an, sein Selbstbild zu verändern und sich selbst ebenfalls als schwierig und kriminell wahrzunehmen. Es gibt aber auch Autoren, die davon ausgehen, dass wir uns kriminell verhalten, um schlicht unsere Bedürfnisse zu erfüllen. Sie vermuten, dass wir eine Kosten-Nutzen-Rechnung aufstellen und uns normwidrig verhalten, wenn wir kurzfristig einen Vorteil sehen (Gottfredson & Hirschi, 1990).

Psychologische Ansätze

Psychologische Theorien zu kriminellem Verhalten beziehen darüber hinaus entwicklungspsychologische Veränderungen und psychische Merkmale wie Temperament oder Problemlösekompetenzen mit ein. In der Psychoanalyse wird die Psyche des Menschen als triebdynamisches System verstanden. Im Laufe der Entwicklung durchläuft der Mensch verschiedene psychosexuelle Phasen, in denen jeweils bestimmte Themen (wie beispielsweise Autonomieentwicklung) im Vordergrund stehen. Ausschlaggebend für die Entwicklung des psychischen Systems sind die drei Instanzen Es, Ich und Über-Ich. Das Es umfasst unsere Triebe, das Über-Ich steht für unser Gewissen und das Ich bildet unser Selbst als eine Art Vermittler zwischen Es und Über-Ich. Bei einer optimalen Entwicklung ist das Ich stark genug, sich gegen die anderen beiden Instanzen durchzusetzen (vgl. Maltby et al., 2011). So können sowohl übertriebene moralische Standards relativiert, als auch eine zügellose Triebbefriedigung verhindert werden. Wie kann man nun mittels der Psychoanalyse Kriminalität bzw. kriminelles Verhalten erklären? Grundsätzlich gibt es hierfür mehrere Erklärungsansätze. So kann sich kriminelles Verhalten unter anderem durch ein zu gering ausgeprägtes Über-Ich und somit einer Minderausprägung der Gewissensinstanz entwickeln. Das kann sowohl auf fehlende Modellpersonen für prosoziales Verhalten (Umwelteinfluss) oder auf eine psychopathologische Fixierung in der Kindheit (innerpsychische Vorgänge) zurückgeführt werden. Ebenso ist die Kombination eines sehr stark ausgeprägten Es, eines schwachen Ich und wie oben bereits erwähnt eines schwachen Über-Ichs denkbar. Darüber hinaus ist es möglich, kriminelle Handlungen symbolisch als innerpsychische Konflikte zu betrachten, die ihren Ursprung in Entwicklungsdefiziten der frühen Kindheit haben.

Andere Autoren (Dollard et al., 1939) postulierten in Anlehnung an Freud, dass wir uns aggressiv verhalten, wenn wir frustriert sind z. B. weil wir in unserem Verhalten unterbrochen wurden. Wir sitzen beispielsweise im Auto und wollen zu einem Termin fahren, werden aber durch den Stau daran gehindert. Das macht uns so aggressiv, dass wir hupen, obwohl wir wissen, dass dies vermutlich wenig bringen wird.

Lerntheoretische Ansätze sehen jedes Verhalten als erlernt an, so auch kriminelles Verhalten. Lernen können wir dabei auf verschiedene Art und Weise. Ein lerntheoretischer Ansatz ist die Klassische Konditionierung. Darunter versteht man das unbewusste Lernen von Zusammenhängen. Das gängigste Beispiel hierfür ist der Pavlovsche Hund, der bereits mehr Speichel produziert, wenn er eine Glocke hört, die häufig direkt vor dem Füttern geläutet wurde (Maltby et al., 2011; Pavlov, 1927). Diesen Effekt können auch Eltern oder Besitzer von Haustieren beobachten, wenn sie ein Babygläschen bzw. eine Futterdose öffnen. Forscher fanden bereits in den 1920er Jahren heraus, dass wir auch Emotionen auf diese Weise lernen (Watson, 1924). Sie experimentierten dabei mit dem kleinen Albert, einem Jungen, der offenbar Ratten gegenüber völlig angstfrei war. Sie ließen ihn eine weiße Ratte streicheln und lösten gleichzeitig über einen plötzlichen, lauten Ton Angst aus. Nach kurzer Zeit hatte Albert bereits Angst vor der Ratte selbst, auch wenn gar kein Ton erzeugt wurde. Die Angst breitete sich sogar noch auf ähnliche Reize wie z. B. einen Santa-Claus-Bart aus. Die Ausweitung der Reaktion wird auch Angstgeneralisierung genannt. Das Klassische Konditionieren, also die Kopplung von Emotionen an bestimmte Reize oder Situationen wird ebenfalls zur Erklärung der Entstehung krimineller Verhaltensweisen, z. B. von Gewaltstraftätern, herangezogen. So könnte ein bestimmter Reiz z. B. der strenge Ton in der Stimme der Mutter mit Wut verknüpft worden sein, sodass der Sohn zukünftig wütend wird, sobald er einen strengen Ton in der Stimme anderer Menschen wahrnimmt.

Eine weitere Art und Weise, wie wir lernen, ist über Belohnung und Strafe, also über Konsequenzen. Dies wird als operantes oder instrumentelles Konditionieren bezeichnet (vgl. Maltby et al., 2011; Skinner, 1976). Führen wir eine bestimmte Verhaltensweise aus und erhalten daraufhin eine Belohnung, werden wir dieses Verhalten mit hoher Wahrscheinlichkeit in der Zukunft öfter zeigen. Umgekehrt werden wir eher mit einem Verhalten aufhören, wenn wir lediglich neutrale oder negative Konsequenzen erhalten. Übertragen auf kriminelles Verhalten bedeutet das, dass die Belohnung, die auf eine Straftat folgt (z. B. Geld als Diebesgut), zukünftiges straffälliges Verhalten wahrscheinlicher macht. Der Straftat einfach eine negative Konsequenz folgen zu lassen, lässt, anders als vermutet, die Häufigkeiten von Straftaten jedoch leider nicht sinken (vgl. Estes, 1944; Banks & Vogel-Sprott, 1965). Dies hat u. a. damit zu tun, dass die positive Konsequenz unmittelbar nach der Tat erfolgt, während beispielsweise eine gerichtliche Strafe häufig erst viele Monate später erfolgt.

Zudem lernen wir auch über das Beobachten und Nachahmen von Anderen. Man spricht hier vom Modelllernen. Beobachtet ein Kind beispielsweise, wie ein anderes Kind jemanden schlägt, erlernt es hierdurch diese Verhaltensweise. Sieht es dann zudem, dass das Schlagen einen positiven Effekt hat (z. B. ein Spielzeug zu bekommen), wird der Lerneffekt noch verstärkt (Bandura, 1977). Es stellt sich nun die Frage, warum nicht jeder Mensch aggressives Verhalten zeigt, obwohl jeder dies mit sehr großer Wahrscheinlichkeit bereits in seiner Kindheit gesehen hat? Hier unterscheidet Bandura zwischen dem Erwerb und der Ausführung. Neben vielen anderen Faktoren sind für das Zeigen aggressiven Verhaltens insbesondere die von uns in unserer Lerngeschichte als positiv beurteilten Modelle zu betrachten. Ein relativ einfaches Beispiel wäre hier die Durchsetzung eigener Interessen mittels Aggressivität. Wird dies bspw. vom Vater, der als eine zunächst positive Person betrachtet werden kann, gegenüber der Mutter angewandt, wird es umso wahrscheinlicher, dass das Kind sich zukünftig ebenfalls aggressiv verhält.

Im Bereich der Sozialpsychologie haben sich Wissenschaftler mit dem Einfluss des sozialen Umfeldes und der Wirkmechanismen von Gruppeneinflüssen beschäftigt. Klassische Arbeiten in diesem Bereich sind u. a. die Befunde von Milgram und Zimbardo. Milgram (1963) konnte in seinen Experimenten zeigen, dass der Einfluss von Autoritäten auf aggressive Handlungen nicht zu unterschätzen ist. 65 % der Menschen waren bereit, einer anderen Person massive, lebensbedrohliche Stromstöße zu verabreichen, wenn sie von dem Versuchsleiter dazu aufgefordert wurden. Dies galt, obwohl sie dabei offensichtlich unter enormem psychischem Stress standen. Weiter haben Zimbardo et al. (1973) in ihrem berühmten „Stanford-Prison" Experiment die Bedeutsamkeit von Sozialen Rollen untersucht. Sie konnten nachweisen, dass Menschen ihr Verhalten signifikant nach ihnen zugewiesenen Rollen (Wärter vs. Gefangener) ausrichten. Die Befunde der beiden exemplarisch skizzierten Experimente können noch heute in der Rechtspsychologie praktisch verwendet werden.

Zu den bekannten Theorien der Entstehung kriminellen und gewalttätigen Verhaltens zählen auch die Theorien sozialer Informationsverarbeitung (siehe Crick & Dodge, 1994). Demnach kommt es bei Kindern mit aggressivem oder kriminellem Verhalten zu Verzerrungen. Sie nehmen Reize eher als aggressiv wahr, interpretieren neutrale Dinge häufig als feindselig und verfolgen egozentrische und unkooperative Ziele. Sind bereits aggressive Schemata vorhanden, werden auch eher aggressive Verhaltensweisen gezeigt; den Kindern fehlen die Handlungsalternativen. Dissoziale Kinder zeigen eher aggressive Verhaltensweisen, da sie sich hierdurch mehr Erfolg versprechen als mit sozial angepasstem Verhalten.

Das Allgemeine Aggressionsmodell von Anderson und Bushman (2002) betrachtet die Entstehung von Gewalt als eine komplexe Interaktion zwischen der Person, der lebensgeschichtlichen und der aktuellen Situation vor dem

Hintergrund innerpsychischer Zustände und Bewertungs- sowie Entscheidungsprozessen. Je nach Persönlichkeit, den innerpsychischen Verarbeitungsprozessen und der Situation kann das Modell erklären, warum eine Person in der einen Situation aggressiv reagiert und in einer anderen nicht. Beispielsweise kann ein Mensch mit einer sehr impulsiven Persönlichkeit (Person) bei einem Streit in einer Kneipe (Situation) sehr schnell in einen intensiven Affekt- und Erregungszustand (Wut) gelangen und die Kognition/den Gedanken haben: „Wer mich so ansieht hat keinen Respekt vor mir!". In seinem Bewertungsprozess kann nun der Mensch aufgrund seiner begrenzten Problemlösefähigkeiten und Kompetenzen zur Einschätzung kommen, dass er „den Respekt" nur durch eine aggressive Handlung wiederherstellen kann. Dieses Verhalten bewertet er als eine in der Vergangenheit erfolgreiche Strategie und nimmt entsprechend seinen Bierkrug und schlägt diesem dem anderen Menschen über den Kopf.

Die moderne Psychologie geht von einem biopsychosozialen Modell aus, welches alle bisherigen Ansätze vereint. Verhalten wird demnach durch unser Nervensystem, unsere Umgebung sowie unsere psychische Konstitution bedingt. Bereits unsere genetische Ausstattung trägt dazu bei, ob wir kriminelles Verhalten entwickeln. Unser Temperament, unsere Fähigkeit, Probleme zu lösen, und unsere generelle Erregbarkeit spielen dabei eine Rolle. Wir unterscheiden uns zudem in unserem Temperament, also darin, wie gut wir beispielsweise unsere Impulse kontrollieren können und wie viel Stimulation wir brauchen, um uns gut zu fühlen. Kinder, die sehr viele Reize brauchen, emotional labil sind, unregelmäßig schlafen und leicht irritierbar sind, bezeichnet man als Kinder mit schwierigem Temperament. Solche Kinder haben eine höhere Wahrscheinlichkeit, dissoziales Verhalten zu entwickeln. Zudem stellen sie ihre Eltern vor größere Herausforderungen, weshalb die Erziehungskompetenzen hier besonders wichtig sind. Auch ein Schulabbruch ist ein Risikofaktor für eine kriminelle Entwicklung, da die Jugendlichen damit einen Statusverlust und geringere Möglichkeiten für das Erreichen der gesellschaftlichen Ziele erleben. Häufig wenden sie sich dann eher einer kriminellen Peergroup zu, wodurch kriminelles Verhalten weiter gefördert wird. Innerhalb dieser Gruppen kommt es zudem häufig zu vermehrtem Alkohol- und Drogenkonsum, was ebenfalls ein Risikofaktor für kriminelles Verhalten ist. Das Zusammenspiel der verschiedenen Risikofaktoren ist in Abb. 2.1 durch das multikausale Entwicklungsmodell zur Erklärung kriminellen und dissozialen Verhaltens dargestellt.

Risiko- und Schutzfaktoren

Obwohl einige Menschen diversen Risikofaktoren ausgesetzt sind, werden sie dennoch nicht kriminell. Die Klärung der Gründe hierfür steht ebenfalls im Fokus

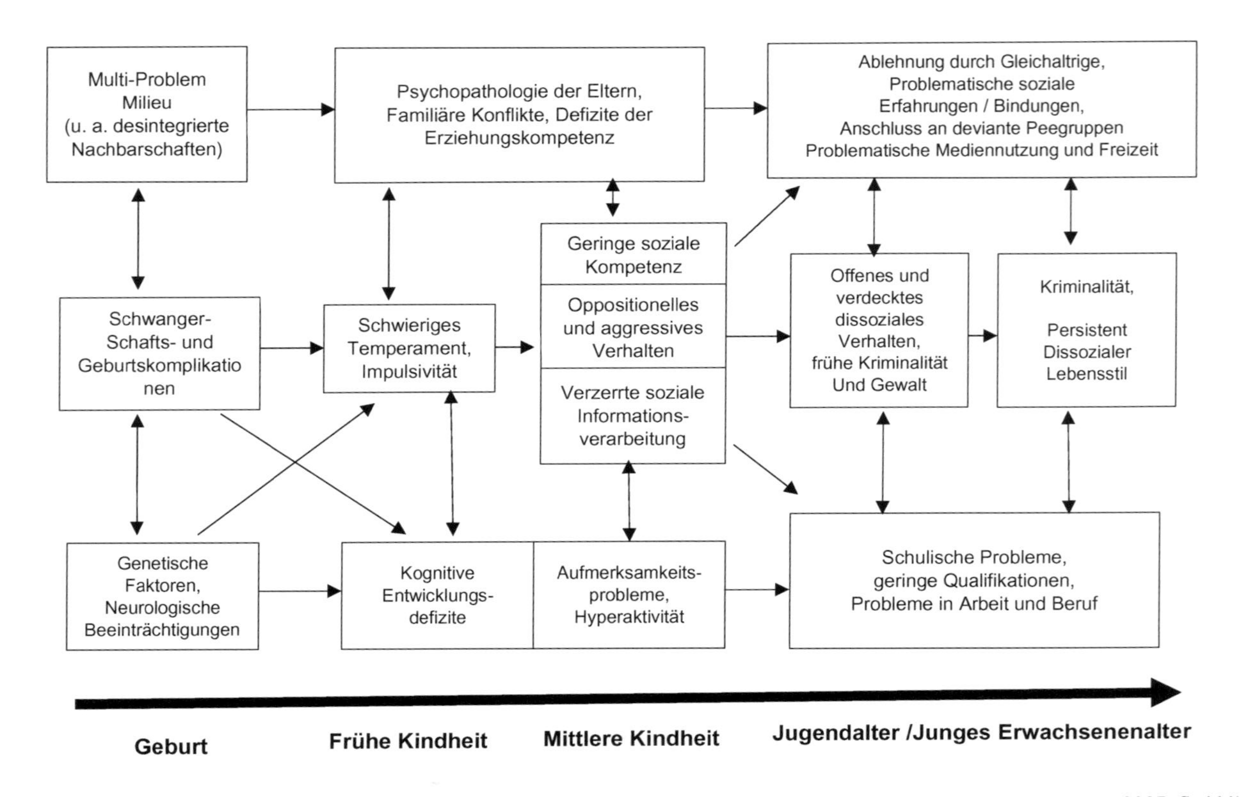

Abb. 2.1 Multikausalen Entwicklungsmodell zur Erklärung kriminellen und dissozialen Verhaltens. (Beelmann & Raabe, 2007, S. 111)

des Interesses der Rechtspsychologie. Die Forschung hat gezeigt, dass diese Personen über Schutzfaktoren verfügen, die die Risikofaktoren überwiegen. Man bezeichnet solche Menschen als resilient (Resilienzforschung: vgl. Scheithauer, Niebank & Petermann, 2000; Lösel & Bender, 2003; Köhler, 2014). Schutzfaktoren können sein: Soziale Kompetenz, Intelligenz, die Überzeugung, selbst Dinge kontrollieren zu können, Glaube oder spirituelle Überzeugung, emotionale Bindung an eine zuverlässige Person (Eltern, Trainer, Partner etc.), Unterstützung durch normkonforme Personen, Wertschätzung einer Begabung oder eines Hobbies, ausreichende materielle Versorgung und Bindung an die Schule oder an eine Lehrkraft (Bliesener, 2008).

3 Schuldfähigkeit

Bei der Überlegung, was normal und was krankhaft ist, greifen wir letztlich immer auf Normen zurück, die von der jeweiligen Gesellschaft entsprechend formell und informell festgelegt wurden. In einer anderen Gesellschaft mag die Bewertung unseres Verhaltens ganz anders aussehen. In der Begutachtungspraxis werden Sachverständige häufig danach gefragt, ob jemand so krank ist, dass er nicht wie ein „normaler" Mensch bestraft werden kann. Es dreht sich hier um die Schuldfähigkeit. Laut Strafgesetzbuch handelt ein Mensch ohne Schuld, wenn er während der Tat wegen einer krankhaften seelischen Störung, wegen einer tief greifenden Bewusstseinsstörung, wegen Intelligenzminderung oder einer schweren anderen seelischen Störung unfähig ist, das Unrecht seiner Tat einzusehen oder nach dieser Einsicht zu handeln (§20 StGB, Dölling et al., 2021; s. a. Bötticher et al., 2019). Es sei an dieser Stelle darauf hingewiesen, dass mit dem Jahr 2021 eine Änderung der nicht mehr zeitgemäßen und stigmatisierenden Begrifflichkeiten des „Schwachsinns" sowie der „schweren anderen seelischen Abartigkeit" durchgeführt wurde. Der Begriff des Schwachsinns wurde durch Intelligenzminderung ersetzt und im Falle der schweren anderen seelischen Abartigkeit wird anstelle von Abartigkeit von Störung gesprochen. Diese veränderten Begrifflichkeiten bedeuten jedoch keine Veränderungen der Begriffsbestimmungen als solche (Schiemann, 2019). In vielen älteren Publikationen werden Sie entsprechend aber noch auf die alten juristischen Bezeichnungen treffen.

Als vermindert schuldfähig gilt jemand, dessen Fähigkeit, das Unrecht einzusehen oder nach dieser Einsicht zu handeln, aus oben genannten Gründen erheblich vermindert ist (§21 StGB). In diesem Fall kann die Strafe gemildert werden. Hierbei geht es nicht um eine generelle Aufhebung der Schuldfähigkeit, sondern darum, ob der Täter zum Zeitpunkt der Tat schuldunfähig oder vermindert schuldfähig war. Ein schizophrener Patient kann beispielsweise während einer symptomfreien Phase eine Straftat begehen und dabei voll schuldfähig sein.

J. von Buch et al., *Rechtspsychologie*, Was ist eigentlich …?,
https://doi.org/10.1007/978-3-662-64617-5_3

Letztendlich hat der Gesetzgeber die Hürden und Anforderungen der Voraussetzungen für die Beurteilung der Schuldfähigkeit recht hoch angelegt. Entsprechend stimmt auch der in der allgemeinen Bevölkerung weit verbreitete Eindruck nicht, dass Straftäter quasi ganz einfach oder schnell als schuldunfähig eingeschätzt werden und so ihrer „gerechten Strafe" entgehen. Ebenso täuschen Täter nur äußerst selten eine psychische Störung vor, um sich schuldunfähig zu stellen und dadurch einer Haftstrafe zu entgehen. Das scheinen eher cineastische Geschichten aus Fernsehserien oder Spielfilmen zu sein. Derartige Versuche können durch ausgebildete Rechtspsychologen und Rechtspsychologinnen meist recht schnell festgestellt werden.

Bei der Beurteilung der Schuldfähigkeit muss zunächst geprüft werden, ob eine psychische Störung vorliegt, die zu einer Verminderung der Schuldfähigkeit führen könnte. Hierzu gibt es vier sogenannte Eingangskriterien, die in jedem Gutachten beurteilt werden müssen.

1. Als **krankhafte seelische Störung** im Sinne des §20 StGB bezeichnet man Erkrankungen, die eine organische Ursache haben. Hierunter fallen u. a. schizophrene Erkrankungen und Alkohol- oder Drogenrausch (vgl. Konrad et al., 2019).
2. Eine **tief greifende Bewusstseinsstörung** im Sinne des §20 StGB ist eine Bewusstseinsveränderung, die bei einem ansonsten gesunden Menschen auftreten kann. Sie wird in der Praxis nur selten festgestellt. Am ehesten kommen hierfür Affektdelikte in Betracht, bei denen ein Mensch so verzweifelt, wütend oder ängstlich ist, dass er sein Verhalten nicht mehr angemessen steuern kann. Hierbei ist es u. a. wichtig, dass das Verhalten persönlichkeitsfremd ist. Das bedeutet, dieser Mensch verhält sich sonst deutlich anders. Die Handlungen sind ihm „wesensfremd". Es handelt sich um normalpsychologische Erregungszustände oder seelische Ausnahmezustände (Foerster et al., 2020; Kröber, 2016; Kröber & Albrecht, 2001; Saß, 2008), die auch bei einem gesunden Menschen in extremen Belastungssituationen auftreten können. Der Mensch verhält sich umgangssprachlich völlig kopflos. Das Geschehen muss dabei schnell ablaufen. Wenn sich jemand beispielsweise im Vorfeld tagelang mit der Begehung einer Tat auseinandersetzt, handelt es sich nicht um eine tief greifende Bewusstseinsstörung. Insbesondere muss es in dem kurzen Zeitraum vor der Tat zu einem „rechtwinkeligen" Anstieg der Erregung bzw. des emotionalen Zustands gekommen sein. Die Täter werden quasi emotional in der Situation „überrollt" und der Verstand „klinkt" sich aus. Die Täter handeln entsprechend spontan oder impulsiv und benutzen eher Tatwerkzeuge, die sich in ihrer Nähe befinden. Das Mitbringen von Tatwerkzeugen könnte – – je

nach Fall – – als eine planende Komponente interpretiert werden und würden tendenziell gegen die zuvor genannte Spontanität sprechen. Durch das Mitführen einer Waffe wäre zudem das Kriterium der „Wesensfremdheit" prinzipiell infrage zu stellen.

3. Unter **Intelligenzminderung** fasst man nach §20 StGB starke Intelligenzminderungen ohne organische Ursache, die zu einer leichteren Verführbarkeit und zu unüberlegten Handlungen in komplexen Situationen führen. In der Regel wird der Intelligenzquotient (IQ) meist deutlich unter 70 liegen, um das Kriterium in Betracht ziehen zu können. Für die rechtspsychologische Einschätzung des „Schwachsinns" ist es zusätzlich zur Ermittlung des IQ-Wertes auch notwendig, das psychosoziale Funktionsniveau und die soziale Teilhabe zur Gesamtbeurteilung des Schweregrades der Störung miteinzubeziehen. Intelligenzgeminderte Personen wissen in der Regel, was falsch und was richtig ist, sie können jedoch nicht immer danach handeln. So ist die Einsichtsfähigkeit meistens gegeben, die Steuerungsfähigkeit jedoch häufig nicht.
4. Unter einer **schweren anderen seelischen Störung** nach §20 StGB werden alle psychischen Störungen gefasst, bei denen biologische Prozesse nicht im Vordergrund stehen. Zu diesem Bereich zählen u. a. Persönlichkeitsstörungen, Störungen der Sexualpräferenz, Störungen der Impulskontrolle, Hyperkinetische Störungen und schwere Formen eines gestörten Sozialverhaltens in der Jugend (Kröber, 2007; Köhler, 2014; Konrad et al., 2019; Schmidt, 2008; Schmidt, 2017). In der Regel wird beim Kriterium der schweren anderen seelischen Störung die Einsichtsfähigkeit gegeben sein. Die Steuerungsfähigkeit unter Umständen nur eingeschränkt. Dies hängt nicht allein von der Diagnose ab, sondern auch von den situativen Gegebenheiten wie z. B. der Kombination mit Alkohol (Kröber, 2020).

Es ist aber nicht nur die Diagnose entscheidend, sondern es kommt auch darauf an, welches Verhalten während oder nach der Tat beobachtet werden konnte (Müller & Nedopil, 2017). Ein Gutachter bzw. eine Gutachterin wird natürlich in der Regel während der Tat nicht anwesend gewesen sein. Man muss aus den Beschreibungen der Zeugen und Berichten der Polizei sowie aus eventuellen Behandlungsberichten ableiten, wie der Zustand eines Menschen zu einem bestimmten Zeitpunkt vermutlich gewesen ist. In der Begutachtung besteht die Aufgabe darin, zu klären, ob zum Tatzeitpunkt eine psychische Störung bzw. ein affektiver Zustand vorlag, der unter eines der Eingangskriterien fällt. Zudem muss man beurteilen, wie stark die Ausprägung dieser Störung war und ob der Mensch in der Lage war, einzusehen, dass die Tat falsch ist, und sich auch dementsprechend zu verhalten, also ob Einsichts- und Steuerungsfähigkeit vorhanden waren (Boetticher et al., 2019). Meistens wird zudem noch die Frage gestellt, ob derjenige untergebracht werden sollte. Ein schuldfähiger Täter wird in der Regel in einer Justizvollzugsanstalt (JVA) inhaftiert werden. Hier stellt sich in einigen Fällen die Frage nach anschließender Sicherungsverwahrung (§66 StGB). Zudem bietet das deutsche Strafrecht die Möglichkeit, einen vermindert schuldfähigen oder schuldunfähigen Straftäter so unterzubringen, dass er behandelt werden kann, um so seine Gefährlichkeit zu reduzieren (§63 StGB Unterbringung in einer Maßregelvollzugsanstalt; §64 in einer Entziehungsanstalt).

4 Legalprognose

In der Prognosebegutachtung sollen Rechtspsychologen und Rechtspsychologinnen die Gefährlichkeit bzw. die „Wahrscheinlichkeit einer erneuten Straffälligkeit“ eines Menschen in der Regel für einen begrenzten Zeitraum einschätzen (drei, fünf oder zehn Jahre). Es soll fachlich fundiert abgeschätzt werden, wie sich eine Person in Zukunft wahrscheinlich verhalten wird (vgl. Volbert & Dahle, 2010), wobei allen Beteiligten mehr oder weniger klar ist, dass das nur bedingt möglich sein kann und dass jede Prognose fehlerbehaftet ist. Das menschliche Verhalten ist so komplex und die möglichen Einflüsse der Umgebung sind so zahlreich, dass es auch zu Fehleinschätzungen kommen kann, selbst wenn Rechtspsychologinnen und Rechtspsychologen ihr Handwerk verstehen und auf der Basis der aktuellen Wissenschaft arbeiten (Boetticher et al., 2019). In der Begutachtung soll ein individuelles Erklärungsmodell für die Delinquenz erstellt und überlegt werden, wie das Risiko zukünftig verringert werden kann. Müller und Nedopil (2017, S. 345) haben die Kernfrage definiert als:

„Wer wird wann unter welchen Umständen mit welcher Wahrscheinlichkeit mit welchem Delikt wieder rückfällig und mit welchen Maßnahmen/Interventionen kann man das möglichst verhindern?“

Aktuell werden drei grundsätzliche Methoden des prognostischen Vorgehens prototypisch unterschieden: Die intuitive, die klinische und die statistische Methode. Die Definitionen der einzelnen Methoden sind hier durchaus, je nach herangezogener Fachliteratur, unterschiedlich (vgl. Dahle, 2005, S. 39–47; Gretenkord, 2001, S. 19–23; Nedopil, 2005, S. 42; Kury & Obergfell-Fuchs, 2012, S. 188–191). Eine gute und vereinfachte Zusammenfassung der drei Kernmethoden lautet wie folgt (Köhler, 2014):

J. von Buch et al., *Rechtspsychologie*, Was ist eigentlich …?,
https://doi.org/10.1007/978-3-662-64617-5_4

Intuitive Methode

- Theoretisches Allgemeinwissen
- Subjektive Maßstäbe
- Intuitive Prognosen werden von Personen ohne psychologische oder psychiatrische Ausbildung erstellt
- Allgemeine Erfahrung (nicht auf rechtspsychologischen Grundkompetenzen basierend)
- Nicht an expliziten Regeln orientiert
- Vereinfacht gesprochen: Bauchgefühl

Klinische Methode (idiographisch-einzelfallorientiert)

- Fachspezifisches Wissen und klinische Erfahrung des Beurteilers
- An Störungsmodellen und Persönlichkeitsmerkmalen orientiert
- Klinische Regelhaftigkeit/Leitlinien
- Regelgeleitete Diagnostik u. a. durch Anamnese (Biografie, psychische Störungen, Persönlichkeit, Krankheiten und Delinquenz) und Testpsychologie
- Diagnostischer Beurteilungsprozess

Statistische Methode (nomothetisch-quantitativ)

- Vollständig Regelgeleitet
- Orientiert an vorgegebenen Algorithmen
- An empirische Untersuchungen orientiert
- Verwendung von statistischen Methoden
- Basiert auf empirischen Studien, die wissenschaftlich fundiert Indikatoren für eine hohe Rückfälligkeit gefunden haben

Anhand der oben genannten Kriterien wird deutlich, dass die intuitive Methode im weitesten Sinne ein laienhaftes Vorgehen darstellt, welches nicht den Ansprüchen an eine wissenschaftlich fundierte Einschätzung der Gefährlichkeit entspricht. Die klinische und die statistische Methode sind deutlich von einer unqualifizierten Arbeitsweise zu unterscheiden. Diese beiden methodischen Verfahren lassen sich in der Praxis jedoch voneinander oftmals nur schwer abgrenzen, da sie miteinander verwoben sind (Dahle, 2010).

Primäres Ziel der Gefährlichkeitseinschätzung ist es, Risiko- und Schutzfaktoren herauszustellen sowie ein individuelles Delinquenzmodell abzuleiten. Dieses Modell sollte schließlich in einer individuellen, auf den Einzelfall zugeschnittenen

Tab. 4.1 Vier-Felder-Schema der Prognose (vgl. Gretenkord, 2001)

Fachliche Einschätzung	Tatsächlich rückfällig	Nicht rückfällig
Ungünstige Prognose (Rückfall)	Richtige Prognose (true positive)	Falsche Prognose (false positiv)
Günstige Prognose (kein Rückfall)	Falsche Prognose (false negative)	Richtige Prognose (true negative)

Einschätzung des Risikos münden. Dabei werden die im Verlauf der Diagnostik gewonnenen Erkenntnisse zueinander in Beziehung gesetzt. Im Rahmen der systematischen Risikoanalyse haben wir es mit einem mehrstufigen psychodiagnostischen Vorgehen zu tun. In einem ersten Schritt sollte hier eine ausführliche Informationsbeschaffung stattfinden, die anschließend einer diagnostischen Einordnung und einer Bewertung bzgl. psychosozialer Gesichtspunkte bedarf. Dies sollte unter Berücksichtigung aller denkbaren und potenziellen Fehlerquellen geschehen. In einem letzten Schritt erfolgt die Einschätzung der Gefährlichkeit und die Beantwortung der Fragestellung des Auftraggebers kann vorgenommen werden. Darüber hinaus sollte herausgestellt werden, ob bestimmte Maßnahmen zu einer Verbesserung der Prognose beitragen könnten (Risikomanagement), oder es aus irgendwelchen Gründen zu einer Verschlechterung der Prognose kommen kann.

Fehlerquellen

Grundsätzlich sind im kriminalprognostischen Begutachtungsprozess der Gefährlichkeit oder der Rückfallwahrscheinlichkeit vier Optionen denkbar, die in Tab. 4.1 aufgeführt sind. Prinzipiell gibt es zwei „richtige Prognosen" und zwei „falsche Prognosen". Man kann in seiner Einschätzung richtig liegen und jemand ist weiterhin gefährlich (True Positive; TP). Anschließend wird er dennoch aus der Haft entlassen, da er seine Zeit abgesessen hat, und wird tatsächlich, entsprechend der Prognose, wieder rückfällig. Man kann falsch liegen und denken, dass jemand gefährlich ist, obwohl das nicht stimmt (False Positive; FP). Das bedeutet, dass derjenige möglicherweise untergebracht bleibt (z. B. in einer Forensischen Klinik), obwohl er theoretisch nach einer Entlassung kein weiteres Delikt begehen würde. Ebenso kann man richtig liegen und denken, dass jemand nicht mehr gefährlich ist (True Negative; TN). Nach einer Entlassung würde sich dann zeigen, dass derjenige tatsächlich nicht erneut straffällig wird. Und man kann falsch liegen und denken, dass jemand nicht mehr gefährlich ist, obwohl das nicht stimmt (False Negative; FN). Derjenige wird entlassen und einige Zeit später erneut straffällig. Das „Worst case" Szenario in der Rechtspsychologie ist der Fall der Falsch Negativen Prognose. Die Fachleute liegen dabei offensichtlich falsch. Sie gehen von einer positiven Prognose aus und sprechen sich für eine Entlassung eines Straftäters aus, dieser wird jedoch nach Haftentlassung rückfällig. Solche Fälle werden von der Presse aufgenommen und heftig medial kritisiert. Vor dem Hintergrund der fachlichen Fehleinschätzung und des körperlichen sowie psychosozialen Schäden für die Opfer, muss natürlich fachlich geklärt werden, wie es zu der Fehleinschätzung gekommen ist. Die professionelle und kritische Überprüfung der rechtspsychologischen Einschätzung muss anhand der Qualitätskriterien für Gutachten erfolgen. Dennoch muss abschließend festgehalten werden, dass es aus wissenschaftlicher Sicht auch bei optimaler fachlicher Arbeitsweise zu einer Falsch Negativen Prognose kommen kann. Es existiert kein Testverfahren, was zu 100 % die Zukunft vorhersagen kann. In der Praxis kann es also nur um eine Minimierung der Fehlquoten von Prognoseeinschätzung gehen. Dies kann nur mit Hilfe von fachlichen Weiterbildungen und dem Einhalten von fachwissenschaftlichen Standards gelingen.

Die Fehler, die während einer Beurteilung auftreten können sind vielfältig. Wir können aus ökonomischen Gründen folgend nicht auf alle einzeln eingehen. Eine ausführliche Darstellung dieser finden Sie bei Gretenkord (2001). Einige typische Beurteilungsfehler sind:

Vernachlässigung der Basisrate

Bei der Basisrate handelt es sich um die Anzahl an Personen, die tatsächlich wieder rückfällig werden. Diese Zahlen können natürlich nur geschätzt werden und sind u. a. abhängig von Anzeigequote, Aufklärungsquote, Geschlecht und Alter des Täters sowie von seiner psychischen Verfassung. Prinzipiell gilt, je geringer die Basisrate ist, desto schwerer ist es eine Prognose vorzunehmen. Befinden sich in einer Vorlesung an einer Universität beispielsweise 100 Studierende von denen 80 Raucher sind (Basisrate von 80), so hat man bei Person X eine deutlich höhere Trefferwahrscheinlichkeit in der Voraussage, ob Person X sich nach der Vorlesung eine Zigarette anzündet, als wenn die Basisrate für Rauchen nur 1 % beträgt (eine Person von 100 ist Raucher). Seltene Ereignisse lassen sich entsprechend statistisch schwerer Vorhersagen als Verhaltensweisen, die öfter vorkommen. So ist es statistisch schwieriger, ein seltenes Ereignis wie einen Mord vorherzusagen als Straßenverkehrsdelikte oder Drogendelikte. Diese Feststellung gilt zunächst unabhängig von der Güte der rechtspsychologischen Methode. Selbstverständlich ist ein sehr gutes Instrument besser als ein schlechtes, aber auch ein gutes Instrument beinhaltet testtheoretische Fehler (vgl. Nedopil, 2017).

Wahrnehmungsfehler (Selektive Wahrnehmung; Aronson et al., 2014)
Wir Menschen unterliegen verschiedenen Wahrnehmungsfehlern. So neigen wir zum Beispiel dazu, den ersten oder den letzten Eindruck intuitiv überzubewerten (Primacy- oder Recency-Effekt). Auch überstrahl manchmal ein Merkmal einer Person andere Eigenschaften (Halo-Effekt). Beispielsweise wirkt ein Straftäter äußerst sympathisch im persönlichen Kontakt und man vernachlässigt seine unsympathischen Eigenschaften.

Überschätzung des eigenen Urteils
Die Sicherheit des eigenen Urteils wird überschätzt. Trotz verbesserter Gutachtenstandards finden sich manchmal Aussagen in Prognosegutachten wie etwa: *„Auch wenn die eingesetzten Prognoseinstrumente keine Veränderung abbilden, komme ich aufgrund meiner langjährigen Erfahrung zu der Einschätzung, dass sich Herr X. von seinen ehemals dissozialen Werten distanziert hat."* (vgl. auch Wertz & Kury, 2017).

Falsifikationsprinzip
Das Falsifikationsprinzip bei der Überprüfung von Hypothesen wird nicht beachtet (Möller, 2008). Beispielsweise sucht man in den Daten selektiv nach Informationen, die für eine zuvor getroffene Annahme sprechen (Herr X ist ein gefährlicher Straftäter). Widersprechende Informationen werden außer Acht gelassen oder weniger stark gewichtet. Man geht bei dieser Art der Beurteilung entsprechend einseitig vor und bestätigt im Grunde nur das, was man vorher schon vermutet hat (Verifikationsprinzip). Diese Vorgehensweise entspricht nicht den wissenschaftlichen Voraussetzungen und Standards für eine ergebnisoffene Prüfung von Hypothesen.

Verwechslung von Häufigkeit und Wahrscheinlichkeit
Intuitive Prognosen werden davon abgeleitet, wie häufig ein Ereignis stattgefunden hat und nicht wie wahrscheinlich es ist.

All diese Beurteilungsfehler kommen natürlich nicht nur im rechtspsychologischen Bereich vor. Es sind allgemeine Fehler, die uns allen unterlaufen können, wenn wir uns ein Urteil über jemanden bilden. Neben diesen Beurteilungsfehlern gibt es noch zwei weitere Einflussfaktoren auf die Vorhersage: Die Selektionsquote und die Güte des Vorhersageinstruments.

Selektionsquote
Die Definition der Selektionsquote ist etwas schwieriger. Sie ergibt sich aus der Sensitivität und der Spezifität. Je niedriger die Zahl der „Falsch Negativen" ist,

desto höher ist die Sensitivität der Methode. Ein sensitives Testverfahren erkennt also möglichst viele derjenigen Straftäter, die rückfällig werden. Es werden allerdings so auch einige als weiterhin gefährlich eingestuft, die gar nicht mehr gefährlich sind. Je niedriger die Zahl der „Falsch Positiven" ist, desto höher ist die Spezifität der Methode. Hier werden also möglichst wenige als gefährlich eingestuft, die aktuell nicht mehr gefährlich sind. In der Praxis kann man jedoch die Güte von Prognosen nur eingeschränkt überprüfen, da diejenigen Straftäter mit ungünstiger Prognose (zumindest aus dem Maßregelvollzug aber sicherlich auch nicht vorzeitig aus dem Strafvollzug) oft nicht entlassen werden und da auch bei Entlassung nicht alle Straftaten bekannt werden (Dunkelfeld). Die Spezifität der Methode wird in der Prognosebegutachtung weniger beachtet. Gefordert wird in der Praxis ein Instrument mit hoher Sensitivität, also ein Instrument, welches auch kleine Risiken erkennt. Unter anderem dürfte dies auch daran liegen, dass die meisten Menschen lieber auf Nummer sicher gehen und es als weniger schlimm beurteilen, wenn jemand inhaftiert bleibt, der nicht mehr gefährlich ist, als wenn jemand entlassen wird, der gefährlich ist. Ein kurzes Gedankenexperiment: Würden Sie dieser Forderung zustimmen? Falls ja, wäre dies auch so, wenn es sich um ihren Bruder, Vater oder Partner handeln würde, der inhaftiert ist? Wie wäre es, wenn Sie selbst im Gefängnis säßen?

Güte des Vorhersageinstruments

Im Zusammenhang mit der Güte des Vorhersageinstruments wird oft auch von der Trefferquote der Prognosemethode gesprochen. Dabei ist es wichtig, dass die Trefferquote immer deutlich besser ausfällt als der Zufall (50 % Treffer). Wenn die Basisrate niedriger ist als die Trefferquote, haben wir ein Problem. Liegt die Trefferquote beispielsweise bei 75 %, würde das bedeuten, dass wir in 25 % der Fälle falsch liegen. *Statistisch gesehen* hätten wir dann bei einer Basisrate von 20 % ein besseres Ergebnis, wenn wir alle entlassen, und bei einer Basisrate von 80 %, wenn wir alle untergebracht lassen würden (siehe hierzu auch Müller & Nedopil, 2017). Ein wissenschaftlich fundiertes prognostisches Vorgehen ist aber auch bei Delikten mit niedriger Basisrate geeignet, um falsch negative Ergebnisse (also Rückfälle entlassener Täter) zu vermeiden. Gleichzeitig ist aber dann auch die Rate an falsch positiven Ergebnissen hoch (vgl. Dahle & Schneider-Njepel, 2014).

Gute Instrumente zeichnen sich durch die Kriterien: Validität, Reliabilität und Objektivität aus (vgl. Bortz & Schuster, 2010). Ein Instrument hat eine hohe Validität, wenn auch wirklich das gemessen wird, was gemessen werden soll (und nicht fälschlicher Weise etwas anderes erhoben wird). Das wird überprüft, indem z. B. die Ergebnisse mit anderen, ähnlichen Kriterien verglichen werden. Eine hohe Reliabilität bedeutet, dass ein Instrument genau misst. Wenn die Messung wiederholt oder von jemand anderem durchgeführt wird, sollte sie zu einem ähnlichen Ergebnis führen. Das hängt u. a. von der Objektivität ab, also davon, ob die Kriterien für die Durchführung, Interpretation und Auswertung klar beschrieben sind und nicht jeder Testleiter anders vorgehen kann.

Es ist ersichtlich, dass die Einschätzung der Gefährlichkeit und der Rückfälligkeit ein sehr komplizierter Vorgang ist, der eben auch gesellschaftliche Aspekte der Güterabwägung beinhaltet. Unter anderem aus diesen Gründen sollten entsprechende Beurteilungen nur von Personen mit spezifischen Kenntnissen und postgradualen Weiterbildungen durchgeführt werden.

5 Prävention und Intervention

Kriminalprävention

Im Rahmen der Kriminalprävention greift man auf die in Kap. 2 vorgestellten Entstehungstheorien delinquenten Verhaltens zurück. Der Schwerpunkt liegt jedoch nicht nur auf dem Kriminalitätsaspekt; vielmehr werden Präventionsansätze hinsichtlich des abweichenden Verhaltens insgesamt verfolgt (Überblick bei Walsh et al., 2018).

Prävention (lat. Praeveniere = „zuvorkommen") steht für die Abwendung aller unerwünschter, negativer Ereignisse oder Entwicklungen. Das kann neben der Bemühung, Krankheiten oder Unfälle abzuwenden, auch das Vorbeugen von Gewalt oder Straftaten bedeuten. Folglich sind Präventionsmaßnahmen in verschiedenen Institutionen ein fester Bestandteil. Das reicht von der Gesundheitsversorgung z. B. von der Krankenkasse geförderte Programme zur Stressreduktion bis hin zu Vorsorgemaßnahmen in Schulen z. B. Projekte zum Thema Alkohol- und Drogenmissbrauch. Oftmals wird man in diesem Kontext mit dem Begriff Intervention (lat. Intervenire = „dazwischenkommen") konfrontiert. Präventions- und Interventionsmaßnahmen unterscheiden sich primär in Bezug auf den Zeitpunkt. Präventionen setzen dort an, wo noch nichts oder nicht viel passiert ist. Interventionen kommen dann zum Tragen, wenn bereits ein negativer Entwicklungsverlauf begonnen hat oder schon weiter fortgeschritten ist. Präventions- und Interventionsmaßnahmen gehen teilweise ineinander über und lassen sich deshalb nicht eindeutig voneinander abgrenzen, sodass Sie immer auch Aspekte mit intervenierendem Charakter in Maßnahmen mit präventivem Zweck finden werden und umgekehrt.

In einem aus der Medizin stammenden Modell wird zwischen drei Präventionsarten unterschieden: primärer, sekundärer und tertiärer Prävention (Caplan, 1964; Heinz, 1998; Kaiser, 1993). Wir werden diese drei Ebenen folgend

J. von Buch et al., *Rechtspsychologie*, Was ist eigentlich …?,
https://doi.org/10.1007/978-3-662-64617-5_5

kurz darlegen und den Bezug zur Kriminalprävention herstellen. Die primäre Prävention beginnt, bevor Probleme auftreten. Ziel der primären Kriminalprävention wäre bspw. die Sensibilisierung für rechtliche Angelegenheiten sowie die Stärkung von Schutz- und Reduzierung von Risikofaktoren. Die Programme setzen daher bereits früh in der Entwicklung an und versuchen, möglichst viele Menschen zu erreichen. Beispiele für nachweisbar effektive Programme sind das „Triple P" (Positive Parenting Programm; Dirscherl et al., 2019) und das „Fairplayer-Manual" (Scheithauer & Bull, 2010). Triple P ist ein Programm zur Förderung positiver Erziehung. Kinder sollen in ihrer psychischen Gesundheit, sozialen Kompetenz und Selbstkontrolle gestärkt werden. Die Eltern-Kind-Beziehung soll gefördert und der elterliche Stress reduziert werden. Das Fairplayer-Manual zielt auf die Förderung sozialer Kompetenzen und Zivilcourage zur Prävention von Mobbing und Gewalt in der Schule ab. Programme zur Kriminalprävention deren Wirksamkeit nachgewiesen sind, finden sich auf der grünen Liste[1]. In der sekundären Prävention geht man einen Schritt weiter. Sie setzt dort an, wo problematische Verhaltensweisen oder generelle Risikosituationen bestehen, mit dem Versuch diesen möglichst frühzeitig entgegen zu wirken. In der sekundären Kriminalprävention würde man einerseits versuchen, durch die frühe Einflussnahme auf potenzielle Täter präventiv tätig zu werden und andererseits Maßnahmen zu ergreifen, die die potentiellen Opfer (z. B. Senioren) schützen. Darüber hinaus müssen die Maßnahmen nicht nur Personen zentriert sein, sondern können sich ebenso auf den situativen Kontext beziehen z. B. Ergreifen von Maßnahmen in risikobehafteten Umgebungen wie Bahnhöfen. Die tertiäre Prävention weist den größten Interventionscharakter auf, da sie an vorausgegangenes Problemverhalten anschließt. Auf den kriminalpräventiven Kontext übertragen, würde dies u. a. präventive Maßnahmen hinsichtlich der Rückfälligkeit betreffen, die wiederum auf therapeutischen und strafrechtlichen Maßnahmen basieren können. Ein Beispiel hierfür ist das Programm „Kurve kriegen" (Bliesener et al., 2015). Das Programm richtet sich an Kinder und Jugendliche im Alter von 8–15 Jahren, die mindestens ein Gewaltdelikt oder drei Eigentumsdelikte begangen haben und deren Lebensumstände deutliche Risikofaktoren aufweisen. Ziel ist es, einer Verfestigung der kriminellen Karriere entgegenzuwirken.

Ein etwas anderer Vorschlag zur Unterteilung von Präventions- und Interventionsmaßnahmen stammt u. a. von Beelmann und Raabe (2007) und Lösel (2004). Die hier vorgeschlagenen Maßnahmen orientieren sich nicht an den verschiedenen Zielgruppen, sondern an unterschiedlichen Ansatzpunkten präventiver Arbeit.

[1] www.gruene-liste-praevention.de.

Dabei werden drei Interventionsebenen unterschieden. Auf der ersten Ebene finden sich sozial-, bildungs-, familien- und gesundheitspolitische Maßnahmen z. B. Reduktion von Armut und Arbeitslosigkeit und Verbesserung der Gesundheitsversorgung. Polizeiliche und juristische Maßnahmen bilden die zweite Ebene und dienen mitunter der Verhinderung von Straftaten z. B. Reduzierung der Verfügbarkeit von Waffen. Basis der dritten Ebene bilden psychologisch-pädagogische Maßnahmen. Im Mittelpunkt steht hier die systematisch soziale Förderung von Kindern und den Personen in ihrem Umfeld. Diese Ebene zielt wiederum auf die Verringerung von Risikofaktoren z. B. Aufklärungskampagnen gegen Gewalt und die Stärkung von Schutzfaktoren ab z. B. strukturierte Freizeitangebote. Diese beiden Faktoren macht man sich insbesondere in der entwicklungsorientierten Kriminalprävention zu Nutze. Ziel dabei ist es, möglichst früh in den Entwicklungsverlauf einzugreifen und somit dissozialen Entwicklungen vorzubeugen, wobei auf theoretische Modelle und empirische Untersuchungen zu (normabweichendem) Sozialverhalten zurückgegriffen wird (vgl. Lösel & Farrington, 2012; Beelmann et al., 2014). Es konnte bereits eine Vielzahl an Risikofaktoren und Schutzfaktoren festgestellt werden, zu denen u. a. Intelligenz und soziale Kompetenzen gehören (vgl. Beelmann et al., 2014). Prävention sollte neben individuellen Maßnahmen, auch bei den Eltern, in der Schule und auf kommunaler Ebene stattfinden.

Langzeitstudien hinsichtlich kriminalpräventiver Maßnahmen stellen für die Praxis eine enorm wichtige Quelle dar, um überhaupt sehen zu können, ob Kriminalität hierdurch erfolgreich abgewendet werden konnte. Hierbei muss man ebenfalls bedenken, dass nicht jeder der Teilnehmer ohne das Programm auf jeden Fall kriminell geworden wäre, da immer mehrere Bereiche einen Einfluss hierauf haben können. An dieser Stelle wird die Komplexität des menschlichen Verhaltens, aber ebenso des gesamten Bereichs der Kriminalpsychologie einmal mehr deutlich. Wir haben es also mit einem aus gesellschaftlicher und sozialpolitischer Sicht sehr wichtigen Fachbereich zu tun, in dem in den vergangenen Jahren bereits viele Erkenntnisse gewonnen wurden, die jedoch noch lange nicht abgeschlossen sind und zukünftig weiterer Bearbeitung bedürfen.

Straftäterbehandlung

In den 70er Jahren herrschte eine eher pessimistische Einstellung in Bezug auf die Straftäterbehandlung (Martinson, 1974). Inzwischen wurden die Behandlungsprogramme deutlich weiterentwickelt und professionalisiert. Straftäter, die aufgrund einer psychischen Störung straffällig geworden sind (siehe Kap. 3), werden in sogenannten Maßregelvollzugskliniken (auch Forensische Psychiatrien) behandelt. Dort finden u. a. Einzeltherapien und Gruppenangebote sowie

Ergotherapien und fallabhängig medikamentöse Behandlungen statt. Auch im Strafvollzug wurden die Behandlungsangebote (Sozialtherapie) in den letzten Jahren stark ausgebaut (Egg & Niemz, 2012). Grundsätzlich geht es, salopp gesagt, darum, jemanden „ungefährlich" zu machen. Ob der- oder diejenige noch psychisch krank ist, ist im Grunde unwichtig. Natürlich kann man sich leicht vorstellen, dass die Teile einer Störung, die zu einem Delikt geführt haben, sehr wohl thematisiert und behandelt werden. Generell steht aber das Delikt und die Gefährlichkeit im Fokus und nicht die Krankheit. Es geht also um die Resozialisierung und Verringerung zukünftiger dissozialer Verhaltensweisen (Köhler, 2009). Die Behandlungsansätze entstammen unterschiedlichen Schulen, die Verhaltenstherapie hat sich jedoch in den letzten Jahren vermehrt durchgesetzt. Vielleicht irritiert es zunächst, dass auch in Justizvollzugsanstalten Behandlungen durchgeführt werden, da die Häftlinge doch wussten, dass es falsch war, was sie getan haben (Einsichtsfähigkeit), und sie dies auch hätten unterlassen können (Steuerungsfähigkeit). Es finden sich jedoch auch bei schuldfähigen Straftätern häufig psychische Störungen (Fazal & Danesh, 2002; Köhler et al., 2012):

- Missbrauch und Abhängigkeiten (bis zu 90 %)
- Dissoziale Persönlichkeitsstörungen (60–80 %); andere Persönlichkeitsstörungen wie z. B. Borderline oder Narzisstische Persönlichkeitsstörung (bis zu 20 %)
- Angststörungen und Depressionen (bis zu 20 %)
- Psychosen (unter 5 %)
- Bei Jugendlichen Störung des Sozialverhaltens (bis zu 80 %) und ADHS (bis zu 25 %).

Noch gibt es nur wenig Versorgungsangebote in Justizvollzugsanstalten (JVA). Es werden aber vermehrt Versuche unternommen, dies zu verändern. Die JVA Neumünster hat beispielsweise 2013 eine psychiatrische Sprechstunde aufgebaut. Bei den 195 vorgestellten Gefangenen hatten 96,4 % mindestens eine psychiatrische Diagnose. Bei 98,5 % wurde eine Behandlung empfohlen (bei 80 % eine Psychopharmakotherapie). Im Einzelnen ergab sich folgendes Bild (Huchzermeier et al., 2016):

- Psychoreaktive Störung (42,1 %)
- Substanzbezogene Störung (40 %)
- Affektive Störung (22,6 %)
- Schizophrene Psychose (13 %).

Das Behandlungsangebot im Maßregelvollzug unterscheidet sich von dem in Justizvollzugsanstalten. Im Maßregelvollzug sollte jeder untergebrachte Patient Behandlung erhalten, um durch eine Besserung seines Zustands zu erreichen, dass er oder sie nicht mehr gefährlich ist (§136 StVollzG). Die Behandlung wird multiprofessionell u. a. durch PsychologInnen, ÄrztInnen, PädagogInnen, SozialarbeiterInnen, KrankenpflegerInnen, ErgotherapeutInnen, KreativtherapeutInnen und SporttherapeutInnen durchgeführt. Es sollten dabei diejenigen besonders intensiv behandelt werden, die ein hohes Rückfallrisiko aufweisen (risk). Die Behandlung sollte individuell auf die Veränderungen der kriminogenen Faktoren zugeschnitten (need) und auch auf den jeweiligen Täter und seine Fähigkeiten abgestimmt sein (responsivity; Andrews et al., 2006). Durch eine angemessene Behandlung können Rückfälle maßgeblich reduziert werden. Müller-Isberner fand 2002 einen Rückgang der Rückfälle um ca. 40 %. Wie die Behandlung konkret aussieht, hängt letztlich auch von der Störung ab (für einen Überblick siehe Saimeh, 2015). Bei psychotischen Patienten werden in der Regel therapeutische Ansätze mit Medikamenten (Neuroleptika) kombiniert. In der Therapie wird nicht auf das Delikt fokussiert, da die Taten für die Patienten meistens charakterfern sind. Sobald die Symptome remittiert sind, leiden sie häufig stark unter ihren Taten und werden nicht selten suizidal (Nowara, 2014). Es geht daher vor allem darum, die Patienten dazu zu motivieren, ihre Erkrankung in den Griff zu bekommen und beispielsweise die Medikamente regelmäßig einzunehmen, Stress zu reduzieren und Frühwarnzeichen zu erkennen.

Bei Patienten mit Persönlichkeitsstörungen bzw. Persönlichkeitsstörungen und Substanzmissbrauch (einer häufigen Kombination) wird man regelhaft eher keine Medikamente geben, sondern auf die dissozialen Einstellungs- und Verhaltensmuster fokussieren (u. a. Ellis, 1977; Young, 2005). Grundsätzlich steht man hier vor dem Problem, dass persönlichkeitsgestörte Straftäter sich häufig nicht als gestört empfinden und damit auch wenig Motivation haben, sich auf eine Therapie einzulassen. In solchen Fällen wird in der Regel versucht, über die negativen Konsequenzen ihres Verhaltens (z. B. Inhaftierung) eine Veränderungsbereitschaft zu bewirken. Gängig ist in vielen forensischen Kliniken das „Reasoning-and-Rehabilitation-Programm" (Gretenkord, 2002). Es ist ein störungsunspezifisches Programm mit 35 Sitzungen von je 2 h Dauer. Die Inhalte sind: Problemlösen, Soziale Fertigkeiten, Verhandlungsfertigkeiten (Konfliktverhalten), Umgang mit Emotionen, Kreatives Denken (Verbesserung des Umgangs mit Problemen), Werte und Kritisches Urteilen (anstatt an Vorurteilen oder anhand weniger Informationen). Zur Behandlung von Patienten mit emotionaler Instabilität und Störungen der Impulskontrolle werden in einigen Kliniken auch DBT-Gruppen (Dialektisch-Behaviorale Therapie – Linehan, 2015; Bohus &

Wolf-Arehult, 2013) oder Stepps-Gruppen (Blum et al., 2014) angeboten. In diesen Gruppen geht es inhaltlich v. a. um den Umgang mit starken Emotionen und Impulsen, die Vermeidung von selbstverletzendem Verhalten und den Umgang mit anderen Menschen. Diese Gruppen werden in der Praxis von den Patienten sehr gut angenommen. Bei Patienten mit Substanzabhängigkeiten bzw. Missbrauch wird wieder anders vorgegangen und der Fokus auf den Umgang mit der Sucht gelegt (siehe hierzu Schalast, 2014).

Im Strafvollzug (Gefängnis) kann im Gegensatz zum Maßregelvollzug (Forensische Psychiatrie) nicht jeder Untergebrachte behandelt werden. Das liegt zum einen daran, dass es zu wenige Therapeuten für die große Anzahl an Inhaftierten gibt, zum anderen benötigt auch nicht jeder Gefangene eine psychotherapeutische Behandlung. Wenn keine psychische Erkrankung vorliegt, ist oft auch der Leidensdruck und damit die Motivation, sich dezidiert mit sich selbst auseinanderzusetzen, geringer. Zudem ist das Klima unter den Gefangenen oft rauer und weniger geschützt als in einer Forensischen Psychiatrie. Eine Änderung der eigenen Persönlichkeit hin zu einer weniger dissozialen Grundhaltung und einer Akzeptanz der eigenen Gefühle und Verletzlichkeiten erscheint hier durch die Interaktion mit anderen Gefangenen, die keine Therapie machen, erschwert. Nicht selten äußern Gefangene Dinge wie, sie wollen keine „Therapieopfer“ sein. Die Veränderung der eigenen problematischen Anteile wird hier demnach oft (zumindest zum Teil) negativ bewertet. Insgesamt betrachtet ist ein multimodales Behandlungsvorgehen am sinnvollsten, bei dem einzeltherapeutische, gruppentherapeutische und sozialpädagogische Angebote kombiniert werden. Einzeltherapien eignen sich generell, um Besonderheiten und auch solche Themen zu besprechen, die dem Täter unangenehm oder zu persönlich sind (Bosinski et al., 2002; Huchzermeier et al., 2006; Müller et al., 2007; Köhler, 2010). Gruppenprogramme erfreuen sich nicht zuletzt wegen ihrer Ökonomie und ihrer besseren Überprüfbarkeit wachsender Beliebtheit (Rehn et al., 2001). Manchen Menschen hilft es zudem, zu erkennen, dass sie nicht die Einzigen sind, die ein Problem haben. Es besteht jedoch die Gefahr, dass individuelle Aspekte zu wenig Beachtung finden und sich die Teilnehmer mit ihrem Problemverhalten gegenseitig verstärken. Es gibt verschiedene empirisch fundierte Gruppenangebote für inhaftierte Straftäter, die sich grob nach Deliktgruppen sortieren lassen. Bekannte Programme für Sexualstraftäter sind das Sex-Offender-Treatment Programm (SOTP – Mann & Thornton, 1998; Craig et al., 2013) oder das Behandlungsprogramm für Sexualstraftäter (BPS – Wischka et al., 2012). Bei jugendlichen Gewaltstraftätern haben sich die sogenannten Anti-Aggressivitätstrainings (vgl. Weidner, 2011; Sauter, 2018) in der Praxis etabliert. Inwiefern sich eine Deliktfokussierung und eine Auseinandersetzung mit der

Tat auf die Rückfälligkeit auswirkt wird zurzeit noch kontrovers diskutiert (vgl. Endres & Breuer, 2018 sowie Borchard, 2020).

Für einen detaillierteren Einblick in den Umgang mit Straftätern sowie in die aktuellen Präventions- und Interventionsprogramme sei auf die weiterführende Literatur verwiesen. Abschließend ist festzuhalten, dass sowohl die Prävention als auch die Behandlung und Resozialisierung von Straftätern einen signifikanten Effekt auf das kriminelle Verhalten hat. Damit wird unter präventiven Aspekten der Opferschutz unterstützt und die Gesellschaft vor weiteren Straftaten geschützt.

Aussagepsychologie

6

Das Thema sexuelle Belästigung ist spätestens seit der #metoo-Debatte in der Öffentlichkeit sehr präsent. Es ist wichtig, dass die Opfer sexueller Übergriffe eine Stimme bekommen und auch das Bewusstsein für die alltäglichen Grenzüberschreitungen geschärft wird, denen Mädchen und Frauen ausgesetzt sind. Auch Jungen und Männer sind hiervor nicht geschützt, wenngleich es bei diesen etwas seltener zu sexuellen Übergriffen kommt (siehe Tab. 6.1).

Andererseits ist durch die Debatte in der Öffentlichkeit zum Teil der Eindruck entstanden, dass Jungen oder Männer, die mit solchen Vorwürfen konfrontiert sind, per se schuldig sind, ob man ihnen etwas nachweisen kann oder nicht. In der rechtspsychologischen Praxis werden in fraglichen Fällen Methoden der Aussagepsychologie eingesetzt. Das bedeutet, dass die Aussagen von Opferzeugen mit Hilfe von wissenschaftlich fundierten Methoden ergebnisoffen hinsichtlich der Glaubhaftigkeit überprüft werden. Dabei ist zu beachten, dass Sachverständige nicht nur nach Beweisen suchen dürfen, die die Aussage des Opfers bestätigen (Verifizierung), sondern sie müssen auch nach Belegen für Gegenhypothesen suchen (Falsifizieren). Das zuständige Gericht muss im Rahmen der Hauptverhandlung alle Fakten und Beweise würdigen und ein Urteil fällen. Dabei gilt grundsätzlich das Prinzip „in dubio pro reo", was bedeutet, dass im Zweifel für den Angeklagten zu entscheiden ist (BGH, 1999; 2000).

Aussagequalität

Entgegen der Annahme vieler Laien, gibt es keine Kriterien anhand derer wir erkennen können, dass jemand gerade lügt. Es wird aktuell viel zu sogenannten microexpressions geforscht (Ekman, 2009), also zu unwillkürlichen mimischen Reaktionen, anhand derer wir die wahren Emotionen erkennen können. Vielleicht kennen Sie das Konzept aus der Fernseh-Serie „Lie to me". Im forensischen

J. von Buch et al., *Rechtspsychologie*, Was ist eigentlich …?,
https://doi.org/10.1007/978-3-662-64617-5_6

Tab. 6.1 Straftaten gegen die sexuelle Selbstbestimmung in 2019[1]

		Anteil an allen Opfern in Prozent					
	Opfer insg	Geschlecht		Altersgruppe			
	Anzahl	Männlich	weiblich	Kinder	Jugendliche	Heranwachsende	Erwachsene ab 21
Vollendet	28.820	7,7	92,3	6,0	25,6	15,5	52,9
Versucht	1.903	5,9	94,1	2,5	20,7	14,1	62,7
Insgesamt	30.723	7,6	92,4	5,7	25,3	15,4	53,5

[1] https://www.bmi.bund.de/SharedDocs/downloads/DE/publikationen/themen/sicherheit/pks-2019.pdf?__blob=publicationFile&v=10

Kontext hat sich das Konzept der microexpressions allerdings bislang nicht durchgesetzt (Burgoon, 2018). Es ist auch etwas anderes, zu erkennen, was jemand fühlt, und den Grund dafür zu verstehen. Sie können zum Beispiel Angst haben, weil ein Polizist Sie an Ihren Vater erinnert, der sehr streng war oder weil Sie die Erfahrung gemacht haben, dass man Sie oft missversteht, oder weil Sie schuldig sind und nicht wollen, dass es herauskommt. Auch wenn wir nicht klar erkennen können, wann jemand lügt, so können wir anhand von verschiedenen Kriterien jedoch Hinweise darauf finden, ob jemand die Wahrheit sagt. Undeutsch hat 1967 das erste System von Glaubhaftigkeitsmerkmalen zur Analyse von Zeugenaussagen erstellt, was heute immer noch die Grundlage für die Begutachtung der Glaubhaftigkeit bildet. Er ging davon aus, dass sich erlebnisbasierte Aussagen in ihrer Qualität von erfundenen Aussagen unterscheiden, u. a., da es kognitiv anstrengend ist, zu lügen. International hat die kriterienbasierte Inhaltsanalyse (Criteria-Based Content Analysis) nach Steller und Köhnken (1989) viel Beachtung gefunden (vgl. Tab. 6.2). Jemand, der lügt, wird sich eine Geschichte ausdenken und diese mit hoher Wahrscheinlichkeit von Anfang bis Ende erzählen, ohne zu viel hin- und herzuspringen, da man sich dabei leicht verzetteln kann. Auch wird er oder sie versuchen, sich auf das Wesentliche zu konzentrieren, um nicht durcheinander zu geraten und sich an irgendeiner Stelle zu widersprechen. Er oder sie wird dabei auf das Wissen von prototypischen Situationen zurückgreifen und daher eher ein allgemeines Skript schildern als einen spezifischen Ablauf mit ausgefallenen Details und Handlungsabbrüchen. Wenn also jemand eine sehr komplexe Handlung schildert, die von Komplikationen und unerwarteten Details durchzogen ist, spricht dies eher für eine erlebnisbasierte Schilderung. Springt jemand zudem in der Erzählung zeitlich hin und her, da ihm oder ihr gerade zuvor nicht erwähnte Aspekte einfallen, wird dieser Eindruck verstärkt. Neben der kognitiven Anstrengung, die eine Lüge bedeutet, ist auch die Selbstdarstellung bei Lügenden und erlebnisbasiert Aussagenden unterschiedlich. Wenn jemand lügt, wird er oder sie versuchen, sich möglichst gut darzustellen. Schließlich wird er oder sie, so die Annahme, alles tun, um als glaubhaft zu gelten, also z. B. die eigenen Angaben eher nicht infrage stellen. Um all dies braucht sich jemand, der eine tatsächlich erlebte Handlung wiedergibt, nicht zu sorgen. Er oder sie kann Zweifel an der eigenen Wahrnehmung äußern oder auch eigene problematische Handlungen schildern, ohne sich allzu große Sorgen um die Außenwirkung machen zu müssen.

Die in Tab. 6.2 aufgeführten Kriterien wurden anhand von Feldstudien mit echtem Gutachtenmaterial und auch anhand von experimentellen Studien mit selbst erzeugten Aussagen validiert. Exemplarisch soll hier auf die Untersuchung von Boychuk (1991) verwiesen werden (Darstellung nach Greuel et al.,

Tab. 6.2 Glaubhaftigkeitsmerkmale nach Steller und Köhnken (1989)

Allgemeine Merkmale	Logische Konsistenz	+
	Unstrukturierte Darstellung	+
	Quantitativer Detailreichtum	+
Spezielle Merkmale	Raum-zeitliche Verknüpfungen	+
	Interaktionsschilderungen	+
	Wiedergabe von Gesprächen	+
	Schilderung von Komplikationen im Handlungsverlauf	+
	Schilderung ausgefallener Einzelheiten	+
	Schilderung nebensächlicher Einzelheiten	o
	Phänomengemäße Schilderung unverstandener Handlungselemente	–
	Indirekt handlungsbezogene Schilderungen	+
	Schilderung eigener psychischer Vorgänge	+
	Schilderung psychischer Vorgänge des Täters	–
Motivationsbezogene Merkmale	Spontane Verbesserungen der eigenen Aussage	+
	Eingeständnis von Erinnerungslücken	–
	Einwände gegen die Glaubhaftigkeit der eigenen Aussage	–
	Selbstbelastungen	–
	Entlastung des Beschuldigten	o
Deliktspezifisch	Deliktspezifische Aussagelemente	+

Anmerkungen: + = gutes Unterscheidungskriterium; o = weniger geeignet – = nicht geeignet

1998). 75 Aussagen von Kindern und Jugendlichen zwischen 4 und 16 Jahren in Gerichtsverfahren wegen sexuellen Missbrauchs wurden in drei Gruppen eingeteilt: Bestätigte Fälle mit Geständnis, medizinischem Befund und strafrechtlicher Sanktion, bestätigte Fälle ohne medizinischen Befund und äußerst zweifelhafte Fälle ohne Geständnis, einem Expertenurteil über die Unwahrscheinlichkeit des sexuellen Missbrauchs und ohne strafrechtliche Sanktionen. Es zeigte sich, dass 12 Merkmale gut zwischen „wahren" und „unwahren" Aussagen diskriminierten (gekennzeichnet mit einem + in Tab. 6.1) und zwei Merkmale nur knapp das statistische Signifikanzniveau von 5 % verfehlten (gekennzeichnet mit einer o in Tab. 6.1). Kaum Unterschiede zeigten sich in den motivationsbezogenen Merkmalen, wobei diese (mit Ausnahme der Angabe von Erinnerungslücken) auch nur in 16 % der Aussagen nachweisbar waren. Insgesamt betrachtet konnte in einer Vielzahl von Studien bestätigt werden, dass sich wahre und erfundene Aussagen in ihrer Qualität in Bezug auf die nicht-motivationalen Merkmale unterscheiden (Niehaus, 2001, 2008; Vrij, 2005, 2008). Diese Merkmale geben uns Hinweise darauf, ob jemand etwas darüber sagt, was aus seiner Sicht stattgefunden hat.

Aussagekonstanz in der Glaubhaftigkeitsbeurteilung

Unser Gedächtnis ist rekonstruktiv (Bartlett, 1932). Das bedeutet, dass wir, wenn wir uns an ein Ereignis erinnern sollen, den Gedächtnisinhalt aktiv neu aufbauen, anstatt eine exakt gespeicherte Information abzurufen. Dadurch kann es selbst bei wahren Aussagen dazu kommen, dass wir Dinge hinzufügen, weglassen oder einander ähnliche Ereignisse vermischen (Offe & Offe, 2008). Man muss daher nicht nur die Aussage an sich betrachten, sondern auch andere mögliche Einflüsse untersuchen. Zum einen wird hierzu die Konstanz der Angaben über die Zeit hinweg für eine Glaubhaftigkeitsbeurteilung herangezogen. Hintergrund ist, dass Beobachtungen realer Vorgänge und eigene Erlebnisse besser behalten werden als Inhalte, die ein Zeuge sich ausgedacht oder in einem Film gesehen hat (siehe auch Howe et al., 2018). Ein Problem ist hierbei, dass die Vernehmungen bei der Polizei oft nicht wortwörtlich aufgeschrieben, sondern sinngemäß wiedergegeben werden (Milne et al., 2017). Zudem ist es in der Regel so, dass Betroffene bereits mit Freunden, Familienangehörigen oder Psychologen bzw. Psychologinnen gesprochen haben, bevor sie zur Polizei gehen, sodass es hier schon zu Veränderungen der Gedächtnisspuren gekommen sein kann. Die Dinge, die aufgrund psychologischer Gedächtnisprozesse eher vergessen werden, werden in der Regel weniger konstant ausfallen als Dinge, die sich generell stärker einprägen (vgl. Arntzen, 2007; Lange, 2020). In jeder glaubhaften Aussage muss man mit Erinnerungsschwächen und -ausfällen rechnen. Einzelne Ausfälle sind damit unproblematisch, es sei denn sie betreffen zentrale Bereiche wie die Kernhandlung, die beteiligten Personen, den Ort, die globale Position (sitzend, stehend, liegend), relevante Gegenstände oder die Lichtverhältnisse (hell, dunkel). Bei der Beurteilung der Qualität und der Konstanz muss man beachten, dass die Gedächtnisfähigkeiten individuell sehr unterschiedlich sind. Häufig lässt sich ein Gutachter oder eine Gutachterin neutrale körpernahe Ereignisse (z. B. eine Prügelei oder einen Unfall) schildern, um diese Beschreibungen mit den Angaben zu den Tatvorwürfen zu vergleichen. Auch wird man bei Kindern oder intelligenzgeminderten Personen andere Maßstäbe ansetzen als bei gesunden Erwachsenen. Hierbei spielt auch eine Rolle, ob jemand spezifisches Wissen über das vermeintliche Delikt hat. Wurde eine Frau beispielsweise bereits mehrfach vergewaltigt, besteht die Gefahr, dass sie etwas sehr detailreich und konstant schildert, was aber mit jemand anderem stattgefunden hat. Dies kann absichtlich (Lüge) oder versehentlich (Projektion) passieren. Hier wird man auf die Schilderung individueller Verflechtungen (z. B. mit der Wohnung des Beschuldigten oder der spezifischen Beziehung zueinander) und Unterschiede zwischen den verschiedenen Taten angewiesen sein, um eine Aussage als glaubhaft bewerten zu können (vgl. Volbert, 2009).

Aussagegenese

Das Problem für die psychologische Begutachtung ist, dass die Zeugen in manchen Fällen nicht absichtlich lügen, sondern tatsächlich glauben, dass etwas stattgefunden hat. Die oben genannten Kriterien helfen also nur wenig, um solche suggestiven Einflüsse festzustellen. Hierfür muss die Aussageentstehung genau analysiert werden. Eine bekannte Studie von Loftus et al. (1978) untersuchte anhand von einer Serie von Dias über einen Autounfall den Einfluss von Befragungen. 50 % hatten ein Stoppschild, 50 % ein Vorfahrtsschild gesehen. Den Versuchspersonen wurde später die Frage gestellt: „Fuhr ein anderes Auto an dem roten Datsun vorbei, als er an dem Stoppschild (für die andere Hälfte der Versuchspersonen Vorfahrtsschild) hielt?“ 59 % der durch die Befragung in die Irre geführten Versuchspersonen gaben an, das falsche Schild gesehen zu haben, im Vergleich zu 25 % denen durch die Frage die korrekte Information nahegelegt worden war. Natürlich muss man bei der Interpretation solcher Studien auch beachten, dass es etwas anderes ist, etwas selbst zu erleben oder zu beobachten. Nichtsdestotrotz wird hier die Fehleranfälligkeit unseres Gedächtnisses deutlich (vgl. Shaw & Broermann, 2018). Neuere Untersuchungsansätze beschäftigen sich vor allem mit dem Effekt von imaginativen Techniken in Therapien. In solchen Studien werden die Versuchspersonen in der Regel gebeten, sich ein Ereignis vorzustellen und mit allen Sinnen zu beschreiben, was sie wahrnehmen. Oft wird Ihnen auch gesagt, ein Verwandter habe bestätigt, dass das Ereignis stattgefunden habe. Mit intensiven wiederholten Imaginationen gelingt es offenbar sogar, Erinnerungen an eine selbst verübte Straftat zu erschaffen, die es nie gegeben hat (Shaw & Porter, 2015). Zudem fanden Patihis und Pendergrast (2019), dass die Wahrscheinlichkeit, einen zuvor nicht erinnerten Missbrauch zu erinnern, wenn ein Therapeut dies nahelegte, 20-fach erhöht war. Aktuell wird heiß diskutiert, ob die Aussagepsychologie eine hilfreiche wissenschaftliche Domäne ist oder ob sie die Prozesse einer Traumatisierung nicht versteht. Traumatherapeuten argumentieren, dass Traumatisierungen zu strukturellen Veränderungen des Nervensystems führen, die es den Betroffenen häufig unmöglich machen, sich an bestimmte Inhalte der Traumata zu erinnern (vgl. Fegert et al., 2018). Aussagepsychologen und -psychologinnen halten dagegen, dass Studien drauf hinweisen, dass traumatische Inhalte besonders gut erinnert, periphere Details hingegen schlechter behalten werden (Volbert et al., 2019). Zudem erscheint es im Kontext eines Strafprozesses nicht haltbar, jemanden auf der Grundlage zu verurteilen, dass der Zeuge das Ereignis stellenweise nicht erinnert und es deswegen wahr sein muss. In einem Strafverfahren haben etwaige persönliche Überzeugungen oder Gefühle, dass da etwas gewesen sein muss, keinen Platz. Es muss rein mithilfe der wissenschaftlich fundierten Methoden geprüft werden, ob ein Erlebnis als glaubhaft beurteilt werden kann. Dabei kann man sich auch vor Augen führen, dass die Methoden der Aussagepsychologie vielen Opfern zu ihrem Recht verhelfen, die aufgrund fehlender Augenzeugen oder DNA-Spuren ohne eine Begutachtung keine Chance auf einen Prozessausgang zu ihren Gunsten hätten.

Das Verfassen aussagepsychologischer Begutachtungen ist, wie deutlich geworden sein dürfte, sehr komplex. In jedem neuen Fall müssen Hypothesen aufgestellt werden, wie die Aussage zustande gekommen sein könnte. Jede dieser Hypothesen muss in der Folge gründlich geprüft werden. Am Ende steht dann die Beurteilung, ob eine Aussage als erlebnisfundiert bezeichnet werden kann oder es Zweifel gibt. Da jede Entscheidung für die Prozessbeteiligten schwerwiegende Konsequenzen nach sich ziehen kann, ist eine fundierte Ausbildung und eine fachliche Anbindung an erfahrene Kolleginnen und Kollegen zu Beginn der Tätigkeit unerlässlich.

Nachdem Sie nun einen kleinen Einblick in die psychologische Tätigkeit im Kontext von Strafprozessen erhalten haben, widmen wir uns abschließend einem weiteren spannenden Aufgabenfeld der Rechtspsychologie.

7 Familienpsychologische Begutachtung

Der Verbleib der Kinder und der Umgang mit den Kindern ist bei Trennungen und Scheidungen häufig kein einfaches Thema. 2019 lag die Scheidungsrate in Deutschland bei 35,8 %[1]. Es kam damit etwa eine Scheidung auf drei Eheschließungen. Die Scheidungsraten von Ehen mit minderjährigen Kindern sind von 1960 bis 2004 deutlich angestiegen. Seither ist der Trend leicht rückläufig (Deutscher Bundestag, 2018). 2019 gab es in Deutschland rund 74.700 Ehescheidungen mit minderjährigen Kindern innerhalb der betroffenen Familien[2]. Bei etwa 2/3 aller Trennungen schaffen es die Beteiligten, die Kontakte zu den Kindern selbst zu regeln (Walper & Fichtner, 2013). Gelingt dies nicht, wird das Familiengericht eingeschaltet. Bei den meisten Fällen wird innerhalb von einem Jahr eine Lösung gefunden. Lediglich etwa 1/5 der Fälle, die dem Familiengericht zugeführt werden, konnten nach einem Jahr noch nicht geklärt werden (ebd.). Zur Unterstützung kann das Gericht ein psychologisches Gutachten in Auftrag geben (vgl. Arbeitsgruppe Familienrechtliche Gutachten, 2019). Die Fragen an psychologische Gutachter in familienrechtlichen Verfahren sind äußerst vielfältig und sehr komplex. Dies wird schnell deutlich, wenn man sich die Liste von typischen Fragen im Rahmen von Begutachtungen in kindschaftsrechtlichen Fragen ansieht (ebd.):

- Fragen zur elterlichen Sorge bei Trennung und Scheidung und bei nicht miteinander verheirateten Eltern ohne Sorgerechtserklärung.

[1] https://de.statista.com/statistik/daten/studie/76211/umfrage/scheidungsquote-von-1960-bis-2008/

[2] https://de.statista.com/statistik/daten/studie/485348/umfrage/ehescheidungen-mit-und-ohne-minderjaehrige-kinder-in-deutschland/

J. von Buch et al., *Rechtspsychologie*, Was ist eigentlich …?,
https://doi.org/10.1007/978-3-662-64617-5_7

- Fragen des Beziehungserhalts des Kindes zum getrenntlebenden Elternteil (Umgangsregelung).
- Fragen zu Umgangsregelungen mit Beziehungs- und Bindungspersonen des Kindes sowie zum leiblichen, nicht rechtlichen Vater des Kindes.
- Fragen zu einer Kindeswohlgefährdung (Sorgerechtsentzug der Eltern sowie Herausnahme bzw. Rückführung des Kindes).
- Besondere Fragestellungen wie Verfahren mit internationalen Bezügen, Adoption, Namensänderung, Schwangerschaftsabbruch bei Minderjährigen, Unterbringung von Kindern und Jugendlichen.

Elterliche Sorge

Besteht das gemeinsame Sorgerecht, bleibt dies auch nach Trennung und Scheidung erhalten. Der Elternteil, bei dem das Kind lebt, entscheidet gewöhnlich über alltägliche Angelegenheiten, die sich eher nicht auf die generelle Entwicklung des Kindes auswirken, während der Andere bei Entscheidungen, die das Kind nachhaltig beeinflussen können, mit einbezogen werden muss (Balloff, 2018). Da das Elternrecht verfassungsrechtlich geschützt ist, darf nur eine gerichtliche Regelung im Sinne einer Aufhebung der gemeinsamen Sorge getroffen werden, wenn entweder beide Elternteile zustimmen (es sei denn, das Kind ist über 14 Jahre alt und widerspricht) oder wenn zu erwarten ist, dass die Aufhebung der gemeinsamen Sorge und die Übertragung auf lediglich einen Elternteil dem Wohl des Kindes am besten entspricht[3]. Neben dem Wohl des Kindes wird ab dem 3. oder 4. Lebensjahr hierbei auch der Wille des Kindes berücksichtigt.

Schwierig wird es, wenn die Eltern sich in einer starken Konfliktdynamik befinden und nicht mehr in der Lage sind, ruhig miteinander zu sprechen und über Belange des Kindes zu entscheiden. In hochstrittigen und konflikthaften Partnerschaften können im Rahmen der Trennungssituation die gemeinsamen Kinder dazu genutzt werden, sich an der „Verflossenen“ bzw. dem „Verflossenen“ zu rächen (Dietrich et al., 2010; Weber, 2013). Es wird gedroht, der Andere dürfe das Kind nicht sehen, oder es wird gefordert, der- oder diejenige, bei dem das Kind nicht lebt, solle sich gefälligst aus allem raushalten. Bei solchen hochkonflikthaften Trennungen ist der Kommunikationsstil häufig destruktiv (Bröning, 2009). Beide reagieren äußerst empfindlich auf die Äußerungen des Anderen und weisen sich gegenseitig die Schuld zu (Dietrich & Paul, 2006). In der Regel geht es dabei nicht um das Kind, um das oft heftig gekämpft wird, sondern um

[3] § 1671 BGB.

Kränkungen oder andere unbewältigte Konflikte innerhalb der Beziehung (Alberstötter, 2006). Vielen Eltern gelingt es in solchen Trennungssituationen nicht, die eigenen Themen von den Fragen, die das Kind betreffen, zu trennen (Bröning, 2009). Ohne Einwirken von außen ist in solchen Fällen in der Regel keine Einigung möglich, weshalb das Familiengericht häufig mit diesen Fällen befasst ist. Es wurde hierzu bereits wiederholt entschieden, dass sich die gemeinsame Sorge bei Trennung der Eltern nur aufrechterhalten lässt, wenn bei den Eltern eine Mindestkonsens- und Kooperationsfähigkeit besteht (u. a. BGH, Beschluss vom 29.04.2020). Eine Aufhebung der gemeinsamen Sorge erfolgt jedoch auch in sehr konfliktbehafteten Fällen in der Regel nur dann, wenn Eltern trotz außergerichtlichen Interventionen (z. B. Familientherapie, Mediation) nicht zu einem Einvernehmen im Interesse des Kindes gelangen.

Bei Fragen der elterlichen Sorge erfolgt in der Begutachtung eine am jeweiligen Einzelfall orientierte zweistufige Prüfung, die das Hauptziel der Erhaltung bzw. Herstellung des Kindeswohls verfolgt. Insofern gilt es zunächst zu klären, ob das Aufheben der gemeinsamen elterlichen Sorge dem Wohle des Kindes entspricht. Dazu wird in der Begutachtung die Kooperationsfähigkeit sowie -bereitschaft der Beteiligten betrachtet. Insbesondere bei mangelnden Kompetenzen, z. B. der Konfliktlösefähigkeit, ist zu prüfen, ob diese grundsätzlich noch veränderbar sind, oder ob bereits eine Ebene erreicht wurde, auf der auch lösungsorientierte Ansätze bspw. aufgrund fehlender Ressourcen ihre Wirkung verfehlen würden. Sollte die Prognose ungünstig ausfallen, kann vor dem Hintergrund einer Gefährdung des Kindeswohl zu der Aufhebung der gemeinsamen elterlichen Sorge geraten werden (vgl., Pfundmair, 2020; Balloff, 2014). Andernfalls wird die elterliche Sorge aufgeteilt, wobei sich bei der Aufteilung meist an dem Dominanzmodell orientiert wird. Das Kind lebt in diesem Fall überwiegend bei einem Elternteil. Die Beziehung zum anderen Elternteil wird durch Besuche aufrechterhalten. Bei dem Wechselmodell ist die Zeit, die das Kind bei den jeweiligen Elternteilen verbringt, nach Möglichkeit gleich aufgeteilt (Fichtner & Salzgeber, 2006). Gibt es Hinweise darauf, dass der gemeinsame Erhalt des Sorgerechts nicht dem Kindeswohl dienlich wäre, muss auf der zweiten Prüfebene der Frage nachgegangen werden, ob die Übertragung des alleinigen Sorgerechts auf ein Elternteil dem Wohle des Kindes am besten gerecht wird. In diesem Fall muss gutachterlich geklärt werden, welcher der beiden Elternteile für die Ausübung der alleinigen elterlichen Sorge geeignet wäre. Hierzu werden die Elternteile hinsichtlich ihrer Kooperationsfähigkeiten und -bereitschaften miteinander verglichen. Zusätzlich wird geprüft, welcher Elternteil die Kriterien zur Sicherung des Kindeswohls erfüllen kann. Zentral für die Entscheidungsfindung ist hier die jeweilige Erziehungsfähigkeit der Elternteile. Dazu zählt u. a. die Fähigkeit des Elternteils, dem Kind Beziehungen zu anderen wichtigen Bezugspersonen zu gewähren, die eine möglichst optimale Entwicklung begünstigen (Pfundmair, 2020). Sollte nach der Überprüfung des/der Sachverständigen keiner der Elternteile als geeignet für die Übernahme der elterlichen Sorge hervorgehen, wird in einem nächsten Schritt in der Regel die Kindeswohlgefährdung überprüft, worauf weiter unten nochmals genauer eingegangen wird. Methodisch werden in der Begutachtung neben ausführlichen Gesprächen mit den Beteiligten und ggf. psychologischen Tests auch standardisierte Interaktionsbeobachtungen durchgeführt (vgl. Balloff, 2018; Salzgeber, 2020; Zumbach et al., 2020).

Umgangsregelungen

Zusätzlich zur Thematik der elterlichen Sorge, ergeben sich nach einer Trennung häufig auch Fragen bezüglich der Umgangsregelungen, also der Häufigkeit und Dauer des Umgangs sowie der Gestaltung der Kontakte. Grundsätzlich hat das Kind das Recht auf Umgang mit beiden Elternteilen. Sollte ein allein sorgeberechtigter Elternteil grundlos den Umgang des anderen Elternteils mit dem Kind verweigern, so kann laut einer Entscheidung des OLG Köln aus 2017 diesem Elternteil die elterliche Sorge für die Zeit des Umgangs entzogen und auf einen Ergänzungspfleger übertragen werden[4]. Auch die Rechte der leiblichen Väter sind nach neuem Recht gestärkt. Wenn ein Vater nicht mit der Mutter verheiratet war und keine Beziehung zu dem Kind aufgebaut hat und wenn die Mutter bereits mit einem anderen Mann verheiratet ist, der eine Vaterfunktion für das Kind hat, kann der leibliche Vater inzwischen trotzdem sein Umgangsrecht geltend machen. Früher war das fast unmöglich (Gesetz zur Stärkung des leiblichen, nicht rechtlichen Vaters von 2013[5]). In der Praxis geht es aber oftmals nicht um bestimmte Spezialfälle oder spezifische Lebensformen, sondern um „banale“ Streitigkeiten in Bezug auf bestimmte Sachverhalte der Umgangsmodalitäten.

Ein (zeitlich befristeter) Umgangsausschluss zu einem leiblichen Elternteil wird in der Regel nur dann beschlossen, wenn von einer Gefährdung der seelischen oder körperlichen Entwicklung des Kindes durch den Umgangskontakt ausgegangen werden muss. Das kann beispielhaft über eine akute psychische Erkrankung des Elternteils (z. B. eine akute Psychose) oder über eine sehr hohe elterliche Konfliktdynamik begründet sein, sofern sich hieraus anhaltende oder

[4] https://www.justiz.nrw.de/nrwe/olgs/koeln/j2017/25_UF_83_17_Beschluss_20170825.html

[5] https://www.bmjv.de/SharedDocs/Downloads/DE/PDF/Themenseiten/FamilieUndPartnerschaft/Gesetz_Staerkung_Rechte_leiblichen_Vaters.pdf?__blob=publicationFile&v=3

wiederholte starke Verunsicherungen des Kindes (z. B. bei den Übergaben) ergeben[6]. Ob ein Umgang dem Wohl des Kindes entspricht, ist mitunter nicht leicht zu entscheiden. Es werden dazu verschiedene Faktoren betrachtet wie z. B. das Konfliktniveau zwischen den Eltern (u. a. Zimmermann & Neumann, 2011; Stett, 2009), die Bereitschaft und Fähigkeit des getrenntlebenden Elternteils zur kindgemäßen Kontaktgestaltung und die vom Kind wahrgenommene Verbundenheit mit dem getrenntlebenden Elternteil (vgl. Balloff, 2013; Zumbach et al., 2020). Fällt das Ergebnis der Prüfung negativ aus, muss immer zunächst geprüft werden, ob z. B. ein begleiteter Umgang die Gefährdung eliminieren kann[7]. Auch sollten Kontakte mit den Großeltern, den Geschwistern und anderen Bezugspersonen erhalten werden, wenn diese tatsächliche Verantwortung für das Kind tragen oder getragen haben und eine tragfähige sowie bedeutsame Beziehung zum Kind besteht[8]. Geschwister können sich beispielsweise gegenseitig Halt geben und erlebte Frustrationen und Enttäuschungen gemeinsam bewältigen. In diesem Fall wäre eine Geschwisterbindung ein protektiver Faktor in der Entwicklung des Kindes (Walser, 2007).

Kindeswohlgefährdung

Neben den Fragen zur elterlichen Sorge und zum Umgang werden rechtspsychologische Gutachten ebenfalls vom Gericht angefordert, wenn befürchtet wird, dass das Wohl des Kindes durch seine momentane Situation gefährdet ist. Der Begriff des Kindeswohls ist jedoch nicht klar definiert. Man versteht im Allgemeinen darunter eine für die Persönlichkeitsentwicklung eines Kindes oder Jugendlichen günstige Relation zwischen seiner Bedürfnislage und seinen Lebensbedingungen (Dettenborn & Walter, 2016). Je nach Alter haben Kinder unterschiedliche Bedürfnisse, um sich gut entwickeln zu können. In Deutschland wird gemeinhin auf Dettenborn und Walter (2016) Bezug genommen, um wichtige Aspekte des Kindeswohls zu bestimmen. Kindeswohldienlich sind demnach:

- die körperliche Zufriedenheit (d. h. ausreichend Nahrung, Wärme, Schlafplatz)
- der Erhalt von Pflege
- die gesundheitliche Versorgung
- eine (geordnete) Bindung des Kindes zu mindestens einer festen Bezugsperson
- ein Zugehörigkeitsgefühl
- der Zugang zu Wissen und Bildung.

[6] OLG Bremen, Beschl. v. 21.11.2017 – 5 UF 81/16.

[7] § 1684 BGB.

[8] § 1685 BGB.

Dabei ist der jeweilige Entwicklungsstand des Kindes entscheidend. Für jüngere Kinder ist es z. B. wichtig, kontinuierlich von einer oder wenigen Bezugspersonen betreut zu werden. Dies unterstützt den Aufbau und Erhalt von Bindungen auf der Seite des Kindes. Für ältere Kinder, welche bereits Bindungen aufgebaut und gefestigt haben und die sich im weiteren Entwicklungsverlauf von den Eltern zunehmend lösen, gewinnt dagegen der Erhalt der Umgebung wie Freunde und Hobbies zunehmend an Bedeutung. Daneben wird der Wohnort im Laufe der Jahre zu einem Teil der eigenen Identität, sodass es Kindern ab der Pubertät in der Regel zunehmend schwerfällt, den Wohnort zu wechseln (Dettenborn & Walter, 2016).

Die Entwicklung des Kindes ist wesentlich von den Fähigkeiten der Eltern abhängig, inwieweit diese auf die genannten Bedürfnisse des Kindes eingehen können (Salzgeber, 2020). Aus diesem Grund wird auf der Seite der Eltern die Erziehungsfähigkeit betrachtet. Dabei wird analysiert, ob und in welchem Ausmaß ein Elternteil in der Lage ist, die grundlegende Versorgung des Kindes sicherzustellen (Nienstedt & Westermann, 2007). Dazu gehört v. a., dass Eltern das Bedürfnis des Kindes nach Nahrung, Hygiene, Gesundheitsfürsorge, Wohnung, Schutz vor Gefahren, Förderung, Schulbesuch, Bildung und Ausbildung wahrnehmen und angemessen darauf eingehen können. Beispielhaft bedürfen Kinder im Alltag erzieherischer Lenkung und Begrenzung, um vor Gefahren geschützt zu werden, aber auch um leistungsfähig und stark werden zu können. Neben der Vernachlässigung der Grundbedürfnisse des Kindes zählen z. B. auch die Aufhetzung des Kindes gegen den anderen Elternteil oder die Unterbindung der Besuchskontakte zu einer mangelnden Erziehungskompetenz (Salzgeber, 2020). Der Begriff der Erziehungsfähigkeit ist jedoch nicht einheitlich definiert (Zumbach & Oster, 2020). Auch stellt jedes Kind unterschiedliche Anforderungen an die Erziehung im Alltag, sodass eine „Passung" bzw. das „Anpassen" des Erziehungsverhaltens an die individuellen Bedürfnisse des Kindes bedeutsam ist. Es ist daher möglich, dass ein Elternteil für ein Kind erziehungsfähig ist und für ein anderes nicht. Beispielhaft stellt ein Kind mit einem sehr ruhigen Temperament, welches gut entwickelt ist und sich gut im Alltag anleiten lässt, geringere Ansprüche an die betreuende Person. Ein Kind, welches einen erhöhten Förder- und Pflegebedarf zeigt, wird erhöhte Ansprüche an seine Eltern stellen (Cierpka & Cierpka, 2014; Salzgeber, 2020; Tschöpe-Scheffler, 2013).

Kriterien der Kindeswohlgefährdung (Kindler, 2018)

Kindbezogen

Personale Dispositionen sowie psychische und Verhaltensauffälligkeiten

Beziehungs- und Bindungsmerkmale

Angaben und Wille des Kindes

Kontinuitätsprinzip (Fortbestehen einer vertrauten Lebenswelt)

Elternbezogen

Personale Dispositionen

Elterliche Erziehungsfähigkeit

Förderungsfähigkeit und Förderungsbereitschaft

Kooperations- und Kommunikationsfähigkeit und -bereitschaft

Veränderungsfähigkeit und Veränderungsbereitschaft

Eine Gefährdung des Kindeswohls liegt vor, wenn die Gefahr besteht, dass bei gleichbleibenden Bedingungen eine erhebliche Schädigung des geistigen oder leiblichen Wohls des Kindes mit hinreichender Sicherheit zu erwarten ist[9]. Je schwerwiegender der drohende Schaden ist, desto niedriger darf die prognostische Wahrscheinlichkeit sein, mit der eine Kindeswohlgefährdung zu bejahen ist[10]. Wichtig ist bei der Beurteilung einer Kindeswohlgefährdung, dass es nicht um optimale Entwicklungsbedingungen geht, sondern um die Abwendung einer Schädigung. Kindeswohlgefährdung kann dabei ganz unterschiedlich aussehen (siehe Abb. 7.1).

Am häufigsten finden sich bei den bekannt gewordenen Fällen (dem sogenannten Hellfeld) Vernachlässigungen, gefolgt von seelischen Misshandlungen. Im Jahr 2020[11] wurde bei fast 60 600 Kindern und Jugendlichen eine Kindeswohlgefährdung festgestellt, etwa 9 % mehr als 2019 (ca. 5000 Fälle). Bereits in den beiden Jahren zuvor war die Kindeswohlgefährdung um jeweils 10 % gestiegen. Jedes zweite gefährdete Kind war jünger als 8, jedes dritte jünger als

[9] §1666 BGB.

[10] BGH XII ZB 408/18.

[11] https://www.destatis.de/DE/Presse/Pressemitteilungen/2021/07/PD21_350_225.html;jsessionid=8760421B869C890BE212B3152698EB6E.live722

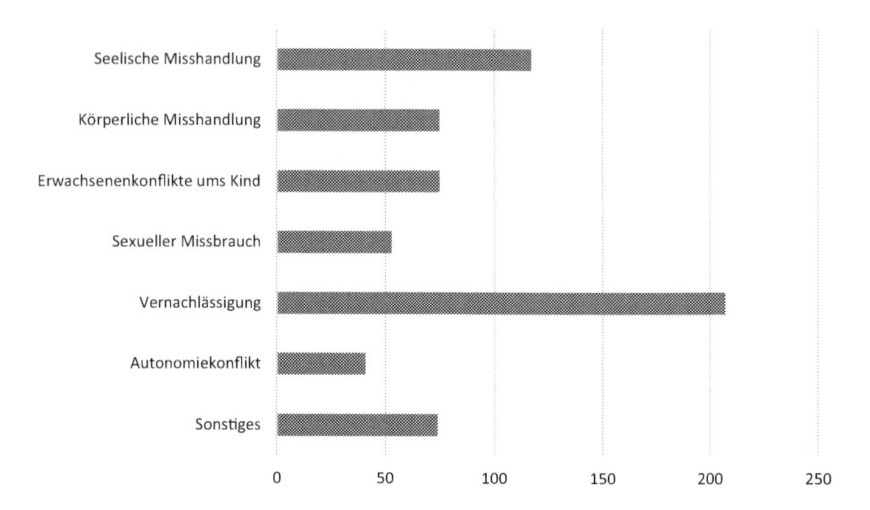

Abb. 7.1 Formen der Kindeswohlgefährdung. (Münder et al., 2000)

5 Jahre. Zum einen könnte man vermuten, dass die Menschen zunehmend sensibilisiert sind und Kindesschutzgefährdungen früher melden. Zum anderen könnte im Jahr 2020 auch Corona und die damit verbundene Familienzeit sowie eine höhere psychosoziale Belastung eine Rolle gespielt haben. Es könnte jedoch auch sein, dass durch die Kindergarten- und Schulschließungen ein Teil der Fälle gar nicht entdeckt wurden. 58 % der Fälle waren Vernachlässigungen, 34 % zeigten Hinweise auf psychische Misshandlungen, 26 % auf körperliche Misshandlungen und 5 % auf sexuelle Gewalt.

Unter seelischer Misshandlung versteht man z. B. feindselige Ablehnung, Isolation, Verweigerung emotionaler Responsivität und massive Überforderungen (siehe hierzu auch Deegener & Körner, 2011). Unter solchen Bedingungen aufzuwachsen, bleibt nicht ohne Folgen. Es können psychopathologische Auffälligkeiten, soziale und emotionale Beeinträchtigungen sowie Veränderungen der Hirnstrukturen und Hirnfunktionen entstehen (Remschmidt, 2019). Sofern sich Gefahren für die kindliche Entwicklung abzeichnen, sind immer zunächst niedrigschwellige Interventionen zu empfehlen. Das können ambulante Erziehungshilfen oder auch stationäre Angebote sein. Wenn niederschwellige Hilfen die Gefährdungsmomente nicht ausreichend abwenden können, kommt es im Extremfall zur Herausnahme des Kindes aus der Familie. Das Kind kommt dann entweder in eine stationäre Jugendhilfeeinrichtung oder in eine (Kurzzeit-) Pflegefamilie.

Es gilt dabei abzuwägen, welche Entscheidung weniger negative Konsequenzen für das Kind hat (Alle, 2012; Zumbach et al., 2020). Da Kinder in der Regel alleine aufgrund ihrer bisherigen Erziehungs- und Beziehungserfahrungen im Alltag Bindungen an ihre Eltern herausbilden, bestehen solche auch dann, wenn es zu derartigen Gefährdungsmomenten durch die Eltern gekommen ist. Sofern eine Kindeswohlgefährdung besteht, das Kind aber aufgrund seiner bisherigen Beziehungs- und Erziehungserfahrungen den Wunsch nach Verbleib bei seinen Eltern oder aber zumindest nach Erhalt von Umgangskontakt äußert, können sich der Kindeswille und das Kindeswohl widersprechen (Dettenborn, 2021). In einem solchen Fall muss dann abgewogen werden, welche Konsequenzen es hat, wenn gegen den Willen des Kindes entschieden wird. Beispielsweise wird es kaum möglich sein, ein 13 jähriges Kind gegen seinen Willen in einer stationären Jugendhilfeeinrichtung unterzubringen, wenn das Kind droht, dann fortzulaufen oder sogar bereits mehrfach fortgelaufen ist.

Bei einer Kindeswohlgefährdung ist die Alternative zu einer Aufnahme in einer stationären Einrichtung der Jugendhilfe die Unterbringung in einer Pflegefamilie. Neuere Studien weisen darauf hin, dass unabhängig von der Qualität der Bindungsbeziehung die Aufrechterhaltung von Kontakt zu den Eltern nach Inobhutnahme das Sicherheitserleben des Kindes erhöhen können. Das Kind kann sich dann offenbar auch besser auf alternative Beziehungsangebote einlassen (vgl. Bovenschen & Spangler, 2014). Auch scheint regelmäßiger Kontakt zur leiblichen Mutter, depressive Symptome und externalisierendes Verhalten zu reduzieren (McWhey et al., 2010). Ein gänzlicher Ausschluss des Umgangs lässt sich in der Regel nur begründen, wenn das Kind aufgrund traumatischer Erlebnisse mit dem Elternteil bei Konfrontation mit Retraumatisierung reagiert. Normalerweise freuen sich Kinder auf den Kontakt und wünschen sich mehr Kontakt, als sie erhalten. Gleichzeitig sind sie durch den Kontakt üblicherweise durcheinander (Sinclair, 2005). Lohnenswert erscheinen Ansätze, bei denen die biologischen Eltern vor den Besuchskontakten ein Coaching erhalten, um den Kontakt zu verbessern und so den emotionalen Stress für die Kinder zu verringern (Haight et al., 2005). Ein negativer Effekt des Trainings war allerdings, dass die Mütter sich ihrer eigenen Gefühle bewusster wurden und dadurch die Trennungssituationen belastender erlebten.

Eine Inobhutnahme und die Installation von stationären Hilfen versteht man als Hilfen zur Erziehung. Daher sieht das Gesetz vor, die Herkunftsfamilien im Hinblick auf die belastenden Problemsituationen zu unterstützen, sodass das Kind innerhalb eines vertretbaren Zeitraums in die Herkunftsfamilie zurückkehren kann. Das gelingt in solchen Fällen gut, in denen ein akuter Unterstützungsbedarf besteht, z. B. aufgrund einer Erkrankung eines Elternteils. Die Eltern erhalten dann z. B. über die stationäre Hilfe Entlastung, um sich ihrer eigenen Gesundheitsfürsorge zuwenden und nach Stabilisierung ihres Gesundheitszustandes wieder für ihre Kinder die Erziehungsverantwortung tragen zu können. Die Forschung zeigt jedoch, dass nur wenige Kinder aus einer Vollzeitpflege innerhalb eines vertretbaren Zeitraumes zurückgeführt werden: Bei allen, Ende des Jahres 2014 bestehenden Pflegeverhältnissen für minderjährige Kinder (knapp 66.000) erfolgte lediglich in knapp 5 % der Fälle eine Rückführung in die Herkunftsfamilie. Die Mehrzahl der Kinder lebt auch nach Beendigung einer Vollzeitpflege weiterhin in einer Pflegefamilie, in einem Heim, bei Verwandten oder in einer sonstigen Wohnform (Scheiwe et al., 2016). Beim Thema Kindeswohlgefährdung schließt sich der Kreis zu unseren vorherigen Themen. Es gibt Studien, die zeigen, dass Misshandlung und Vernachlässigung das Risiko späterer Delinquenz (zumindest bei Jungen) erhöhen (Ryan & Testa, 2005).

Vorgehen in der Begutachtung

Das praktische Vorgehen in der Begutachtung zu Fragen der Kindeswohlgefährdung ist dem zur elterlichen Sorge sowie zum Umgang ähnlich. Zentrale Aspekte sind die Erziehungsfähigkeit und die Frage, welche Auswirkungen diese wiederum auf das Kind hat. Weist die Erziehungsfähigkeit der Eltern Defizite auf, müssen im Gutachten Maßnahmen vorgeschlagen werden, die zu einer Abwendung der möglicherweise durch die mangelnde Erziehungsfähigkeit bedingten negativen Effekte auf das Kindeswohl führen. Wie bereits vorab erwähnt, ist die Erziehungsfähigkeit komplex und bezieht sowohl die seelische, als auch die körperliche Versorgung des Kindes mit ein. Infolgedessen muss die Begutachtung mehrere Ebenen bei der Bewertung berücksichtigen: Die Ebene des sozialen Umfelds, die Familienebene, die Elternebene und die Ebene des Kindes. Es werden mögliche Risikofaktoren untersucht, die einen gefährdenden Einfluss auf die Erziehungsfähigkeit nehmen können, der nicht abgewendet werden kann. Relevant hier sind z. B. soziale Auffälligkeiten des Kindes, die bei den Eltern zu Überforderung führen und somit Einschränkungen in der Erziehungsfähigkeit bedingen. Auf Elternebene ist es denkbar, dass es ihnen möglicherweise aufgrund eigener psychischer Erkrankungen oder Substanzabhängigkeiten nicht möglich ist, für ihr Kind in einem geforderten Mindestmaß Sorge zu tragen (vgl., Kölch, 2018). Es sei an dieser Stelle gesagt, dass eine psychische Erkrankung nicht zwangsläufig das Kindeswohl gefährdet. Es ist stets für den konkreten Einzelfall zu überprüfen. Der Anspruch, der an die Erziehungskompetenz der Eltern zu stellen ist, richtet sich u. a. nach der Vulnerabilität des Kindes. Ein Kind mit kognitiven Beeinträchtigungen hat einen höheren Förderbedarf, dem die Eltern gewachsen sein müssen. Dies ist jedoch am besten dann möglich, wenn sich keine die Erziehungsfähigkeit einschränkenden Auffälligkeiten auf der Elternebene finden. Insofern ist es, neben der Betrachtung der einzelnen Ebenen, wiederum wichtig eine Einordnung der Befunde mit Hinblick auf den Gesamtkontext vorzunehmen. Einen pauschalen und konkreten Cut-off zur Bewertung der Erziehungsfähigkeit gibt es nicht. Vielmehr orientiert sich der Gutachter an einer Mindestschwelle. In Schulnoten ausgedrückt würde man eine 4-, also gerade noch ausreichend, vergeben, um davon auszugehen, dass keine Gefährdung des Kindeswohls durch das Elternverhalten zu erwarten wäre (Pfundmair, 2020).

Auch die psychologische Tätigkeit im Familienrecht ist offenkundig eine vielschichtige und komplexe Aufgabe. Neben einer wissenschaftlich fundierten Ausbildung, ist der Austausch mit erfahrenen Psychologinnen und Psychologen unerlässlich. Neben der Qualitätssicherung der eigenen Arbeit dient dies auch dem Umgang mit Belastungen durch die Fälle an sich und durch die Gerichtsverfahren. Die meisten Gutachter und Gutachterinnen sind daher in Fachteams zusammengeschlossen und tauschen sich darüber hinaus in fallbezogenen Supervisionen aus.

Wir hoffen, Ihnen einen interessanten Einblick in die Welt der Rechtpsychologie vermittelt zu haben. Es handelt sich hierbei um einen hoch aktuellen und sehr abwechslungsreichen Themenbereich, der fortwährend neue Herausforderungen beinhaltet und für uns Autoren absolut sinnstiftend ist.

Literatur

Alberstötter, U. (2006). Wenn Eltern Krieg gegeneinander führen. Zu einer neuen Praxis der Beratungsarbeit mit hoch strittigen Eltern. In M. Weber & H. Schilling (Hrsg.), *Eskalierte Elternkonflikte. Beratungsarbeit im Interesse des Kindes bei hoch strittigen Trennungen* (S. 29–52). Juventa Verlag.

Alle, F. (2012). *Kindeswohlgefährdung*. Lambertus Verlag.

Anderson, C. A., & Bushman, B. J. (2002). Human aggression. *Annual Review of Psychology, 53*, 27–51.

Andrews, D. A., Bonta, J., & Wormith, J. S. (2006). The recent past and near future of risk and/or need assessment. *Crime & delinquency, 52* (1), 7–27.

Arbeitsgruppe Familienrechtliche Gutachten. (2019). *Mindestanforderungen an die Qualität von Sachverständigengutachten im Kindschaftsrecht*. Deutscher Psychologen Verlag.

Arntzen, F. (2007). *Psychologie der Zeugenaussage. System der Glaubhaftigkeitsmerkmale* (4. Aufl.). Beck.

Aronson, E., Wilson, T. D., & Akert, R. M. (2014). *Sozialpsychologie*. Pearson.

Balloff, R. (2013). Umgang des Kindes mit den Eltern und allen anderen bedeutsamen Bezugspersonen (§§ 1626 Abs. 3, 1684, 1685 BGB), zu denen das Kind „Bindungen" hat. *Frühe Kindheit, 2*, 12–17.

Balloff, R. (2014). Familienrechtliche Begutachtung nach Trennung und Scheidung. In T. Bliesener, F. Lösel, & G. Köhnken (Hrsg.), *Lehrbuch Rechtspsychologie* (S. 288–309). Huber.

Balloff, R. (2018). *Kinder vor dem Familiengericht. Praxishandbuch zum Schutz des Kindeswohls unter rechtlichen, psychologischen und pädagogischen Aspekten* (3. Aufl.). Nomos.

Bandura, A. (1977). *Social learning theory*. Prentice Hall.

Banks, R. K., & Vogel-Sprott, M. (1965). Effect of delayed punishment on an immediately rewarded response in humans. *Journal of Experimental Psychology, 70*(4), 357–359.

Bartlett, F. C. (1932). *Remembering: A study in experimental and social psychology*. Cambridge University Press.

Beelmann, A., & Raabe, T. (2007). *Dissoziales Verhalten bei Kindern und Jugendlichen. Erscheinungsformen, Entwicklung, Prävention und Intervention*. Hogrefe.

J. von Buch et al., *Rechtspsychologie*, Was ist eigentlich …?,
https://doi.org/10.1007/978-3-662-64617-5

Beelmann, A., Pfost, M., & Schmitt, C. (2014). Prävention und Gesundheitsförderung bei Kindern und Jugendlichen. Eine meta-Analyse der deutschsprachigen Wirksamkeitsforschung. *Zeitschrift für Gesundheitspsychologie, 22*, 1–14.

Bliesener, T. (2008). Resilienz in der Entwicklung antisozialen Verhaltens. In M. Steller & R. Volbert (Hrsg.), *Handbuch der Rechtspsychologie* (S. 78–86). Hogrefe.

Bliesener, T., Glaubitz, C., Hausmann, B., Klatt, T., & Riesner, L. (2015). *Prozess- und Wirkungsevaluation der NRW-Initiative „Kurve kriegen"*. Institut für Psychologie der Universität Kiel.

Bliesener, T., Lösel, F., & Köhnken, G. (2014). *Lehrbuch Rechtspsychologie.* Hans-Huber.

Blum, N. S., Bartels, N. E., St. John, D., & Pfohl, B. M. (2014). *STEPPS. Das Trainingsprogramm bei Borderline.* Psychiatrie Verlag.

Boetticher, A., Koller, M., Böhm, K. M., Brettel, H., Dölling, D., Höffler, K., Müller-Metz, R., Pfister, W., Schneider, U., Schöch, H., & Wolf, T. (2019). Empfehlungen für Prognosegutachten: Rechtliche Rahmenbedingungen für Prognosen im Strafverfahren. *Forensische Psychiatrie, Psychologie, Kriminologie, 13*(4), 305–333.

Borchard, B. (2020). Deliktorientierte Therapie-Bedeutung, Missverständnisse und Begriffsbestimmung. *Forensische Psychiatrie, Psychologie, Kriminologie, 14*(1), 50–57.

Bortz, J., & Schuster, C. (2010). *Statistik für Human- und Sozialwissenschaftler*. Springer.

Bosinski, H. A. G., Ponseti, J., & Sakewitz, F. (2002). Therapie von Sexualstraftätern im Regelvollzug – Rahmenbedingungen, Möglichkeiten und Grenzen. *Sexuologie, 9*, 39–57.

Bovenschen, I., & Spangler, G. (2014). Bindungstheoretische Aspekte der Fremdplatzierung. *Praxis der Rechtspsychologie, 2*, 374–406.

Boychuk, T. D. (1991). *Criteria-based content analysis of children's statements.* Unpublished dissertation, Arizona State University (Zitiert nach: Greuel, L., Offe, S., Fabian, A., Wetzles, P., Fabian, T., Offe, H. und Stadler, M. (1998). Glaubhaftigkeit der Zeugenaussage. Weinheim: Beltz).

Bröning, S. (2009). *Kinder im Blick. Theoretische und empirische Grundlagen eines Gruppenangebotes für Familien in konfliktbelasteten Trennungssituationen.* Waxmann Verlag GmbH.

Bundesgerichtshof. (1999). Wissenschaftliche Anforderungen an aussagepsychologische Begutachtungen (Glaubhaftigkeitsgutachten), BGH-Urteil vom 30.07.99 – 1 StR 618/98 – LG Ansbach. *Praxis der Rechtspsychologie, 9*(2), 113–125.

Bundesgerichtshof,. (2000). Anforderungen an Glaubhaftigkeitsgutachten. *Neue Zeitschrift für Strafrecht, 2000*(2), 100–105.

Burgoon, J. K. (2018). Microexpressions are not the best way to catch a liar. *Frontiers in psychology, 9*, 1–5.

Caplan, G. (1964). *Principles of preventive psychiatry.* Basic Books.

Cierpka, A., & Cierpka, M. (2014). Entwicklungsgerechtes Trotzen, persistierendes Trotzen und aggressives Verhalten. In M. Cierpka (Hrsg.), *Frühe Kindheit 0–3 Jahre: Beratung und Psychotherapie für Eltern mit Säuglingen und Kleinkindern* (S. 263–285). Springer.

Craig, L. A., Dixon, L., & Gannon, T. (2013). *What works in offender rehabilitation: An evidence-based approach to assessment and treatment.* Wiley.

Crick, N. R., & Dodge, K. A. (1994). A review and reformulation of social information-processing mechanisms in children's social adjustment. *Psychological Bulletin, 115*, 74–101.

Dahle, K.-P. (2005). *Psychologische Kriminalprognose: Wege zu einer integrativen Methodik für die Beurteilung der Rückfallwahrscheinlichkeit bei Strafgefangenen.* Centaurus.

Dahle, K.-P. (2010). Die Begutachtung der Gefährlichkeits- und Kriminalprognose des Rechtsbrechers. In K.-P. Dahle & R. Volbert (Hrsg.), *Forensisch-psychologische Diagnostik im Strafverfahren.* Hogrefe.

Dahle, K.-P., & Schneider-Njiepel, V. (2014). In T. Bliesener, F. Lösel, & Köhnken, G. (Hrsg.), *Lehrbuch Rechtspsychologie.* Hans-Huber.

Deegener, G., & Körner, W. (2011). Risiko- und Schutzfaktoren – Grundlagen und Gegenstand psychologischer, medizinischer und sozialpädagogischer Diagnostik im Kinderschutz. In G. Deegener & W. Körner (Hrsg.), *Erfassung von Kindeswohlgefährdung in Theorie und Praxis* (S. 201–250). Pabst Science Publishers.

Dettenborn, H. (2021). *Kindeswohl und Kindeswille: Psychologische und rechtliche Aspekte.* Reinhardt.

Dettenborn, H., & Walter, E. (2016). *Familienrechtspsychologie.* Ernst Reinhardt.

Deutscher Bundestag. (2018). *Zur Entwicklung der Risiken von Scheidung und Trennung in verschiedenen Familien- und Lebensformen.* Fachbereich WD 9, Gesundheit, Familie, Senioren, Frauen und Jugend.

Dietrich, P. S., Fichtner, J., Halatcheva, M., Sandner, E., & Weber, M. (2010). *Arbeit mit hochkonflikthaften Trennungs- und Scheidungsfamilien. Eine Handreichung für die Praxis.* Deutsches Jugendinstitut.

Dietrich, P. S., & Paul, S. (2006). Hoch strittige Elternsysteme im Kontext Trennung und Scheidung. In M. Weber & H. Schilling (Hrsg.), *Eskalierte Elternkonflikte. Beratungsarbeit im Interesse des Kindes bei hoch strittigen Trennungen* (S. 13–28). Juventa Verlag.

Dirscherl, R., Krabbe, S., Sanders, M. R., & von Wulfen, Y. (2019). *Triple P – ein „Public Health"-Ansatz zur Förderung der seelischen Gesundheit von Kindern und Jugendlichen durch Stärkung der elterlichen Erziehungskompetenz. Grundlagen, Struktur, Inhalte und Evaluation.* Triple P Deutschland.

Dollard, J., Doob, L., Miller, N. E., Mowrer, O. H., & Sears, R. R. (1939). *Frustration and aggression.* Yale University Press.

Dölling, D., Duttge, G., König, S., & Rössner, D. (Hrsg.). (2021). *Gesamtes Strafrecht* (5. Aufl.). Nomos.

Ekman, P. (2009). Lie catching and micorexpressions. In C. Martin (Hrsg.), *The philosophy of deception.* University press.

Egg, R., & Niemz, S. (2012). Die Entwicklung der Sozialtherapie im Justizvollzug im Spiegel empirischer Erhebungen. In B. Wischka, W. Pecher, & H. van den Boogaart (Hrsg.), *Behandlung von Straftätern: Sozialtherapie, Maßregelvollzug, Sicherungsverwahrung* (S. 1–19). Centaurus.

Ellis, A. (1977). *Die Rational-emotive Therapie: Das innere Selbstgespräch bei seelischen Problemen und seine Veränderung.* Pfeiffer.

Endres, J., & Breuer, M. (2018). Behandlungsmaßnahmen und-programme im Strafvollzug. In B. Maelicke, & S. Suhling (Hrsg.), *Das Gefängnis auf dem Prüfstand* (S. 89–108). Springer.

Estes, W. K. (1944). An experimental study of Punishment. *Psychological Monographs: General and Applied, 57*(3), 1–40.

Fazal, S., & Danesh, J. (2002). Serious mental disorder in 23000 prisoners: A systematic review of 62 surveys. *The Lancet, 359*, 545–548.

Fegert, J. M., Gerke, J., & Rassenhofer, M. (2018). Enormes professionelles Unverständnis gegenüber Traumatisierten. *Nervenheilkunde, 37*(07/08), 525–534.

Fichtner, J., & Salzgeber, J. (2006). Gibt es den goldenen Mittelweg? Das Wechselmodell aus Sachverständigensicht. *Familie Partnerschaft Recht, 7*, 274–284.

Foerster, K., Bork, S., & Venzlaff, U. (2020). Die „tiefgreifende Bewusstseinsstörung" und andere affektive Ausnahmezustände. In H. Dreßing & E. Habermeyer (Hrsg.), *Psychiatrische Begutachtung* (S. 285–295). Elsevier.

Gesetz zur Stärkung der Rechte des leiblichen, nicht rechtlichen Vaters Vom 4. Juli 2013. *Bundesgesetzblatt Jahrgang 2013* Teil I Nr. 36, ausgegeben zu Bonn am 12. Juli 2013. https://www.bmjv.de/SharedDocs/Downloads/DE/PDF/Themenseiten/FamilieUndPartnerschaft/Gesetz_Staerkung_Rechte_leiblichen_Vaters.pdf?__blob=publicationFile&v=3.

Gottfredson, M. R., & Hirschi, T. (1990). *A general theory of crime.* Stanford University Press.

Gretenkord, L. (2002). Das Reasoning and Rehabilitation Programm (R&R). In R. Müller-Isberner & L. Gretenkord (Hrsg.), *Psychiatrische Kriminaltherapie* (Bd. 1, S. 29–40). Lengerich: Pabst Science Publishers.

Gretenkord, L. (2001). *Empirisch Fundierte Prognosestellung im Maßregelvollzug nach § 63 STGB EFP-63.* Deutscher Psychologen Verlag.

Greuel, L., Offe, S., Fabian, A., Wetzles, P., Fabian, T., Offe, H., & Stadler, M. (1998). *Glaubhaftigkeit der Zeugenaussage.* Beltz.

Haight, W., Mangelsdorf, S., Black, J., Szewczyk Sokolowski, M., Schoppe, S., Giorgio, G., Madrigal, K., & Tata, L. (2005). Enhancing parent-child interaction during foster care visits: Experimental assessment of an intervention. *Child Welfare, 84*(4), 459–481.

Heinz, W. (1998). Kriminalprävention – Anmerkungen zu einer überfälligen Kurskorrektur der Kriminalpolitik. In H.-J. Kerner, J.-M. Jehle, & E. Marks (Hrsg.), *Entwicklung der Kriminalprävention in Deutschland* (S. 17–59). Forum.

Howe, M. L., Knott, L. M., & Conway, M. A. (2018). *Memory and miscarriages of justice.* Routledge.

Huchzermeier, C., Bruß, E., Godt, N., & Aldenhoff, J. (2006). Das Kieler Therapieprojekt für Gewaltstraftäter. Standardisierte Eingangsuntersuchung zur intramuralen Psychotherapie. *Recht & Psychiatrie, 24*, 134–141.

Huchzermeier, C., Schulte-Ostermann, M. A., & Folgmann, S. (2016). Neues aus der Anstalt: Die „psychiatrische Sprechstunde" in der JVA Neumünster – Minimalversorgung psychischer Störungen. *RPsych, 2*, 190–205.

Josupeit, J., Kursawe, J., & Köhler, D. (2018). Qualitäts- und Qualifikationsstandards für pädagogische und sozialpädagogische Sachverständige nach §163 Abs. 1 FamFG– Eine Standortbestimmung und Diskussionsgrundlage. *Rechtspsychologie, 4*, 513–531.

Kaiser, G. (1993). Verbrechenskontrolle und Verbrechensvorbeugung. In G. Kaiser, H.-J. Kerner, F. Sack, & H. Schellhoss (Hrsg.), *Kleines Kriminologisches Wörterbuch* (S. 571–577). C. F. Müller.

Kindler, H. (2018). Operationalisierungen von Kindeswohl und Kindeswohlgefährdung in den Sozial- und Humanwissenschaften. In H. Katzenstein, K. Lohse, G. Schindler, & L. Schönecker (Hrsg.), *Das Recht als Partner der Fachlichkeit in der Kinder- und Jugendhilfe* (S. 179–224). Nomos Verlagsgesellschaft.

Konrad, N., Huchzermeier, C., & Rasch, W. (2019). *Forensische Psychiatrie und Psychotherapie: Rechtsgrundlagen.* Kohlhammer.

Köhler, D. (2009). Gewalt- und Sexualstraftäter. In H. Cornel, G. Kawamura-Reindl, & B. Maelicke (Hrsg.), *Handbuch der Resozialisierung* (S. 406–437). Nomos.

Köhler, D. (2010). *Neuere Entwicklungen der forensischen Diagnostik in Psychologie, Psychiatrie und Sozialer Arbeit.* Verlag für Polizeiwissenschaft.

Köhler, D. (2014). *Rechtspsychologie.* Kohlhammer Verlag.

Köhler, D., Bauchowitz, M., Müller, S., & Hinrichs, G. (2012). Psychische Auffälligkeiten bei straffälligen jungen Menschen. In DVJJ (Hrsg.), *Achtung (für) Jugend! Praxis und Perspektiven des Jugendkriminalrechts. Dokumentation des 28. Deutschen Jugendgerichtstages vom 11.–14. September 2010 in Münster* (S. 387–406). Form Verlag Godesberg.

Kölch, M. (2018). Kinder psychisch kranker Eltern und die Gefahr der Kindeswohlgefährdung. *Praxis der Rechtspsychologie, 28*(2), 35–47. Kölch, M., Ziegenhain, U., & Fegert (2015). Bessere Versorgung für Kinder von psychisch kranken Eltern. *Nervenheilkunde, 34*(1–2), 49ff.

Kröber, H. (2007). *Der Weg von der Persönlichkeitsstörung zur schweren seelischen Abartigkeit* (S. 67–77). Forensische Begutachtung bei Persönlichkeitsstörungen. Medizinisch Wissenschaftliche Verlagsgesellschaft.

Kröber, H. L. (2016). Die Beurteilung der Steuerungsfähigkeit bei psychischen Störungen. *Forensische Psychiatrie, Psychologie, Kriminologie, 10*(3), 181–188.

Kröber, H. L. (2020). Konzepte und Implikationen der verminderten Schuldfähigkeit. *Forensische Psychiatrie, Psychologie, Kriminologie, 14*, 381–392.

Kröber, H. L., & Albrecht, H. J. (2001). *Verminderte Schuldfähigkeit und psychiatrische Mängel.* Nomos.

Kury, H., & Obergfell-Fuchs, J. (2012). *Rechtspsychologie – Forensische Grundlagen und Begutachtung. Ein Lehrbuch für Studium und Praxis.* Kohlhammer.

Lamnek, S., & Vogl, S. (2017). *Theorien abweichenden Verhaltens II. „Moderne" Ansätze. Eine Einführung für Soziologen, Psychologen, Juristen, Journalisten und Sozialarbeiter.* utb.

Lange, T., Bell, R., & Buchner, A. (2020). Differential mnemonic consistency differs between experienced and fabricated incidents. *Psychology, Crime & Law, 26*(10), 990–1005.

Linehan, M. (2015). *DBT Skills training manual.* The Guilford Press.

Loftus, E. F., Miller, D. G., & Bruns, H. J. (1978). Semantic integration of verbal information into a visual memory. *Journal of Experimental Psychology: Human Learning and Memory, 4*, 19–31.

Lösel, F. (2004). Multimodale Gewaltprävention bei Kindern und Jugendlichen: Familie, Kindergarten, Schule. In W. Melzer & H. D. Schwind (Hrsg.), *Gewaltprävention in der Schule: Grundlagen – Praxismodelle – Perspektiven* (S. 326–348). Nomos.

Lösel, F., & Bender, D. (2003). Protective factors and resilience. In D. P. Farrington & J. W. Coid (Hrsg.), *Early prevention of adult antisocial behaviour* (S. 130–204). Cambridge University Press.

Lösel, F., & Bender, D. (2000). Rechtspsychologie. S. 581 – 629. In J. Straub, A. Kochina, & H. Werbik (Hrsg.). *Psychologie in der Praxis. Anwendungs- und Berufsfelder einer modernen Wissenschaft.*

Lösel, F., & Bender, D. (1993). Rechtspsychologie. In A. Schorr (Hrsg.), *Handbuch der Angewandten Psychologie* (S. 590–598). Deutscher Psychologen Verlag.

Lösel, F., & Farrington, D. P. (2012). Direct protective and buffering protective factors in the development of youth violence. *American Journal of Preventive Medicine, 43*(2S1), 8–23.

Maltby, J., Day, L., & Macaskil, A. (2011). *Differentielle Psychologie, Persönlichkeit und Intelligenz.* Pearson.

Mann, R. E., & Thornton, D. (1998). The evolution of a multisite sexual offender treatment program. In W. L. Marshall, Y. M. Fernandez, S. M. Hudson, & T. Ward (Eds.), *Sourcebook of treatment programs for sexual offenders* (pp. 47–57). Plenum Press.

Martinson, R. (1974). What works? – Questions and anwers about prison reform. *The Public Interest, 10*, 22–54.

McWhey, L. M., Acock, A., & Porter, B. (2010). The impact of continued contact with biological parents upon the mental health of children in foster care. *Child and Youth Services Review 1, 32*(10), 1338–1345.

Merton, R. K. (1957). *Social theory and social structure.* Lengerich: Pabst Science Publishers.

Milgram, S. (1963). Behavioral study of obedience. *The Journal of abnormal and social psychology, 67*(4), 371.

Milne, R., Nunan, J., Hope, L., Hodgkins, J., & Clarke, C. (2017). *The whole truth and nothing but the truth? Transforming verbal interviews into written statements.* Paper presented at the EAPL 2017, Mechelen, Belgium.

Möller, H. J. (2008). Methodik empirischer Forschung. *Psychiatrie und Psychotherapie* (S. 345–367). Springer.

Müller, J. L., & Nedopil, N. (2017). *Forensische Psychiatrie: Klinik, Begutachtung und Behandlung zwischen Psychiatrie und Recht.* Georg Thieme Verlag.

Müller, S., Köhler, D., & Hinrichs, G. (2007). Intramurale Tätertherapie. Psychotherapeutische Behandlung und Betreuung inhaftierter Gewalt- und Sexualstraftäter in der Jugendanstalt Schleswig/Teilanstalt Neumünster, Forum Strafvollzug. *Zeitschrift für Strafvollzug und Straffälligenhilfe, 56*, 156–161.

Müller-Isberner, R. (2002). Psychiatrische Kriminaltherapie. In R. Müller-Isberner & L. Gretenkord (Hrsg.), *Psychiatrische Kriminaltherapie* (Bd. 1, S. 1–6). Lengerich: Pabst Science Publishers.

Münder, J., Mutke, B., & Schone, R. (2000). *Kindeswohl zwischen Jugendhilfe und Justiz. Professionelles Handeln in Kindeswohlverfahren.* Votum.

Niehaus, S. (2001). *Zur Anwendbarkeit inhaltlicher Glaubhaftigkeitsmerkmale bei Zeugenaussagen unterschiedlichen Wahrheitsgehalts.* Peter Lang, Europäischer Verlag der Wissenschaften.

Niehaus, S. (2008). Merkmalsorientierte Inhaltsanalyse. In R. Volbert & M. Steller (Hrsg.), *Handbuch der Rechtspsychologie (Handbuch der Psychologie* (Bd. 9, S. 311–321). Hogrefe.

Niehaus, S., Volbert, R., & Fegert, J. M. (2017). *Entwicklungsgerechte Befragung von Kindern im Strafverfahren.* Springer.

Nienstedt, M., & Westermann, A. (2007). *Pflegekinder.* Klett-Cotta.

Nowara, S. (2014). Behandlung psychisch kranker Straftäter im Maßregelvollzug. In T. Bliesener, F. Lösel, & G. Köhnken (Hrsg.), *Lehrbuch Rechtspsychologie* (S. 512–528). Huber.

Offe, H., & Offe, S. (2008). Aussagekonstanz als Indikator für den Erlebnisbezug einer Aussage. *Praxis Rechtspsychologie, 18*, 97–115.

Patihis, L., & Pendergrast, M. (2019). Reports of recovered memories of abuse in therapy in a large age-representative U.S. national sample: Therapy type and decade comparisons. *Clinical Psychological Science, 7*, 3–21.

Pavlov, I. P. (1927). *Conditioned reflexes* (G.V. Anrep, Trans.). Oxford University Press.

Pfundmaier, M. (2020). *Psychologie bei Gericht.* Springer.

Remschmidt, H. (2019). Die Folgen von Misshandlungen in Kindheit und Jugend: Seelische Belastungen und Spuren im Gehirn. *Monatsschrift für Kriminologie und Strafrechtsreform, 97*(5–6), 462ff.

Röpcke, B., Barth, N., & Hebebrand, J. (2020). Die Reifebeurteilung Heranwachsender nach § 105 JGG und der Umgang mit jungen erwachsenen Straftäterinnen und Straftätern aus entwicklungspsychologischer Sicht. *Zeitschrift für Kinder- und Jugendpsychiatrie und Psychotherapie, 48*(4), 318–327.

Ryan, J. P., & Testa, M.F. (2005). Child maltreatment and juvenile delinquency: Investigating the role of placement and placement instability. *Children and Youth Services Review, 27*(3), 227–249.

Saimeh, N. (Hrsg.). (2015). *Straftäter behandeln: Therapie, Intervention und Prognostik in der Forensischen Psychiatrie (Eickelborner Schriftenreihe).* Medizinisch Wissenschaftliche Verlagsgesellschaft.

Salzgeber, J. (2020). *Familienpsychologische Gutachten. Rechtliche Vorgaben und sachverständiges Vorgehen* (6. Aufl.). Beck.

Saß, H. (2008). Tötung mit und ohne tiefgreifende Bewusstseinsstörung. *Forensische Psychiatrie, Psychologie, Kriminologie, 2*, 11–21.

Sauter, D. (2018). *Die Legitimation des Anti-Aggressivitäts-Trainings im Rahmen der Konfrontativen Pädagogik.* Grin-Verlag.

Schalast, N. (2014). Behandlung substanzabhängiger Straftäter. In T. Bliesener, F. Lösel, & G. Köhnken (Hrsg.), *Lehrbuch Rechtspsychologie* (S. 489–511). Huber.

Scheithauer, H., & Bull, H. D. (2010). Das fairplayer.manual zur unterrichtsbegleitenden Förderung sozialer Kompetenzen und Prävention von Bullying im Jugendalter: Ergebnisse der Pilotevaluation. *Praxis der Kinderpsychologie und Kinderpsychiatrie, 59*, 266–281.

Scheithauer, H., Niebank, K., & Petermann, F. (2000). Biopsychosoziale Risiken. Das Risiko und Schutzfaktorenkonzept. In F. Petermann (Hrsg.), *Risiken in der frühkindlichen Entwicklung: Entwicklungspsychopathologie der ersten Lebensjahre* (S. 65–101). Hogrefe.

Scheiwe, K., Schuler-Harms M., Walper, S., & Fegert, J. M. (2016). *Pflegefamilien als soziale Familien, ihre rechtliche Anerkennung und aktuelle Herausforderungen.* Wissenschaftlicher Beirat für Familienfragen beim Bundesministerium für Familie, Senioren, Frauen und Jugend.

Schiemann, A. (2019). Weg mit dem Schwachsinn: Zur längst überfälligen Ersetzung der Begriffe „Schwachsinn "und „Abartigkeit" in § 20 StGB und der verpassten Chance einer umfassenden Reform der Schuldfähigkeitsfeststellung. *KriPoZ, 6*, 338–346.

Schmidt, A. F. (2008). *Psychologische Schuldfähigkeitsbegutachtung bei so genannter schwerer anderer seelischer Abartigkeit.* Centaurus.

Schmidt, A. F. (2017). *Psychologische Schuldfähigkeitsbegutachtung bei sogenannter schwerer anderer seelischer Abartigkeit: Eine Begutachtungsheuristik auf empirischer Grundlage* (Bd. 24). Springer.

Shaw, J., & Broermann, C. (2018). *Das trügerische Gedächtnis: Wie unser Gehirn Erinnerungen verfälscht.* Heyne.

Shaw, J., & Porter, S. (2015). Constructing rich false memories of committing crime. *Psychological Science, 26*, 291–301.

Sinclair, I. (2005). *Fostering now. Messages from research.* Jessica Kingsley Publishers.

Skinner, B. F. (1976). *About behaviourism.* Vintage Books.

Steller, M., & Köhnken, G. (1989). Criteria-based statement analysis. In C. Raskin (Hrsg.), *Psychological methods in criminal investigation and evidence* (S. 217–245). Springer.

Stett, D. (2009). *Auswirkung des elterlichen Konfliktniveaus auf betroffene Scheidungskinder Empirische Untersuchung anhand einer Scheidungskindergruppe.* Dissertation an der Philosophisch-Sozialwissenschaftlichen Fakultät der Universität Augsburg.

Sykes, G. M., & Matza, D. (1957). Techniques of neutralization. A theory of delinquency. *American Sociological Review, 22*, 664–670.

Tannenbaum, F. (1953). *Crime and community.* London.

Tschöpe-Scheffler, S. (2013). *Fünf Säulen der Erziehung. Wege zu einem entwicklungsfördernden Miteinander von Erwachsenen und Kindern* (7. Aufl.). Patmos Verlag.

Undeutsch, U. (1967). Beurteilung der Glaubhaftigkeit von Aussagen. Forensische PsychologieIn U. Undeutsch (Hrsg.), *Handbuch der Psychologie* (Bd. 11, S. 26–181). Hogrefe.

Volbert (2009). Glaubhaftigkeitsbegutachtung: Wie man die aussagepsychologische Methodik verstehen und missverstehen kann. *Interdisziplinäre Fachzeitschrift, 12* (2. Themenheft: Glaubhaftigkeitsbegutachtung).

Volbert, R., & Dahle, K. P. (2010). *Forensisch-psychologische Diagnostik im Strafverfahren.* Hogrefe Verlag.

Volbert, R., Schemmel, J., & Tamm, A. (2019). Die aussagepsychologische Begutachtung: eine verengte Perspektive? *Forensische Psychiatrie, Psychologie, Kriminologie, 2*, 108–124.

Vrij, A. (2005). Criteria based content analysis: A qualitative review of the first 37 studies. *Psychology, Public Policy and Law, 11*(1), 3–41.

Vrij, A. (2008). *Detecting lies and deceit: Pitfalls and opportunities* (2. Aufl.). Wiley.

Walper, S., Fichtner, J., & Normann, K. (2013). Hochkonflikthafte Trennungsfamilien als Herausforderung für Forschung und Praxis. In S. Walper, J. Fichtner, & K. Normann (Hrsg.), *Hochkonflikthafte Trennungsfamilien. Forschungsergebnisse, Praxiserfahrungen und Hilfen für Scheidungseltern und ihre Kinder.* Beltz Juventa.

Walser, M. (2007). Geschwisterbindung als protektives Entwicklungsingrediens. *Diskurs Kindheits- und Jugendforschung, 3*, 345–348.

Walsh, M., Pniewski, B., Kober, M., & Armborst, A. (Hrsg.). (2018). *Evidenzorientierte Kriminalprävention in Deutschland – Ein Leitfaden für Politik und Praxis.* Springer VS.

Watson, J. B. (1924). *Behaviorism.* Norton.

Weber, M. (2013). Das Wohl des Kindes bei hoch strittiger Elternschaft. Notwendige Differenzierungen. In M. Weber, U. Alberstötter, & H. Schilling (Hrsg.), *Beratung von Hochkonflikt-Familien. Im Kontext des FamFG.* Juventa Verlag.

Weidner, J. (2011). Das Anti-Aggressivitäts-Training (AAT®) zur Behandlung gewalttätiger Intensivtäter. In A. Boeger (Hrsg.), *Jugendliche Intensivtäter.* Springer.

Wertz, M., & Kury, H. (2017). Verbesserung der Qualität von Prognosegutachten seit der Veröffentlichung von Mindeststandards? Eine empirische Validierung im Zeitverlauf. In J. L. Müller, P. Briken, M. Rösler, M. Müller, D. Turner, & W. Retz (Hrsg.), *EFPPP Jahrbuch 2017 – Empirische Forschung in der Forensischen Psychiatrie* (S. 107–123). Medizinisch-Wissenschaftliche Verlagsgesellschaft.

Wille, R., & Beier, K. M. (1994). Verdrängte Schwangerschaft und Kindstötung. Theorie-Forensik-Klinik. *Sexuologie, 2*, 57–100.

Wischka, B., Rehder, U., & Foppe, E. (2012). *BPS-R Behandlungsprogramm für Sexualstraftäter — revidierte Fassung.* Kriminalpädagogischer Verlag.

Young, J. E, Klosko, J. S., & Weishaar, M. E. (2005). *Schematherapie. Ein praxisorientiertes Handbuch.* Junfermann.

Zimbardo, P. G., Haney, C., Banks, W. C., & Jaffe, D. (1973). A Pirandellian prison: The mind is a formidable jailer. *New York Times Magazine, 8*(1973), 38–60.

Zimmermann, P., & Neumann, A. (2011). Die Auswirkungen von Konflikten zwischen Eltern auf ihre Kinder: Ergebnisse der Entwicklungspsychologie und der Bindungsforschung. In: Die Kinderschutz-Zentren (Hrsg.), *Kinder im Spannungsfeld elterlicher Konflikte.* Bundesarbeitsgemeinschaft der Kinderschutz-Zentren e.V.

Zumbach, J., Lübbehüsen, B., Volbert, R., & Wetzels, P. (2020). *Psychologische Diagnostik in familienrechtlichen Verfahren. Kompendium Psychologische Diagnostik.* Hogrefe.

Zumbach, J., & Oster, A. (2020). Übersichtsarbeit Elterliche Erziehungsfähigkeit: Definitionen, Indikatoren und Erfassungsmöglichkeiten. *Zeitschrift für Kinder- und Jugendpsychiatrie und Psychotherapie, 49*(1), 1–14.

Printed in the United States
by Baker & Taylor Publisher Services